CARLOS G. VALLÉS

CAMBIO, LUEGO EXISTO

PUNTOS DE INFLEXIÓN

Primera edición: diciembre de 2023

© Fundación Carlos G. Vallés, 2023

© Ediciones Carena, 2023

Ediciones Carena
c/Alpens, 31-33
08014 Barcelona
T. 934 310 283
info@edicionescarena.com
WWW.EDICIONESCARENA.COM

Diseño de la cubierta: Sandra Jiménez

Coordinación y revisión: Jesús Martínez
WWW.REPORTEROJESUS.COM

Depósito legal B 21638-2023

ISBN 978-84-19890-39-9

Impreso en España - Printed in Spain

LEIBNIZ Y BOSSUET

Nos contaron la anécdota a medias. Era en clase de Historia de la Iglesia en mis años mozos. Leibniz y Bossuet habían protagonizado un largo debate epistolar sobre los méritos respectivos del protestantismo y el catolicismo. El filósofo alemán y el obispo francés mantuvieron una larga correspondencia entre 1691 y 1701 exponiendo y evaluando y rechazando y defendiendo sus respectivos credos y doctrinas en latín clásico con lógica aristotélica. Nadie iba ganando. Al fin, por puro cansancio temporal, por repetición inevitable de argumentos, o por un destello feliz del obispo católico, la controversia acabó cuando Bossuet elocuentemente conminó a Leibniz:

'Tú cambias, luego no eres la verdad.'

Y cesaron las cartas. O así nos lo contaron a nosotros. Y celebramos con aplausos la victoria del católico. Un gol a cero. 1-0 ¡Ganamos! Como no podía menos de ser porque la continuidad histórica y dogmática del catolicismo era su mejor garantía ante las divisiones, variaciones, adiciones, interpretaciones del protestantismo en sus múltiples ramas y versiones. La verdad es una e inmutable. Tú cambias, luego no eres la verdad. Sentenciado el partido a favor de los católicos. Buena lección de clase de historia.

Pero en la vida me tocó seguir leyendo y estudiando y viajando y descubriendo; y al cabo de algún tiempo, con el recuerdo de Bossuet fresco todavía en la mente, me tocó encontrarme otra vez con Leibniz, aunque ahora en otro terreno. Las matemáticas. Estudié su tratado sobre el cálculo infinitesimal que él descubrió simultáneamente con Newton pero independientemente de él, y su definición clásica de la «derivada» en latín como *'Ultima ratio incrementorum evanescentium'* (el último cociente de los incrementos evanescentes) que tanto problema práctico me creó como estudiante y tanta alegría clásica me proporcionó como profesor. Es un goce extraterrestre explicar a muchachos y muchachas inteligentes uno de los conceptos más refinados y profundos de la inteligencia humana, como es la «derivada» de una función matemática, a partir de una fórmula concisa en latín. Sobre todo cuando ellos no saben latín. Ni matemáticas.

El reencuentro con Leibniz y la oportunidad de hablar de él en clase me llevó a leer más sobre él y enterarme de episodios y circunstancias para amenizar con anécdotas concretas de su vida los conceptos abstractos de sus teoremas. Y allí salió inevitablemente su diálogo epistolar con Bossuet. Sonreí al encontrarme con el episodio conocido. Y volví a sonreír al leer su final, aunque la sonrisa no era por lo conocido sino por lo inesperado. El final era sustancialmente distinto del que nos habían referido a nosotros de jóvenes, ya que esta vez la historia se contaba desde el otro lado, el lado protestante. La competición no había acabado en el 1-0 que nos habían contado a nosotros. Leibniz no era manco. Seguía el partido. Cuando Bossuet lanzó su arma secreta, 'Tú cambias, luego no eres la verdad', Leibniz contestó a vuelta de correo con su propio misil:

'Tú no cambias, luego no eres la vida.'

Y empató el juego. 1-1. Sigue el partido. Jesús se definió a sí mismo: 'Yo soy el camino, la verdad, y la vida.' La verdad es una, y la vida es múltiple. Ambas juntas señalan el camino. Tan necesaria es la una como la otra. Verdad y vida. Es decir, continuidad y cambio. Experiencia y aventura. Memoria e imaginación. Pasado y futuro. Historia y profecía. Seguridad y riesgo. De ambas dimensiones está hecha la existencia humana sobre la tierra. Sentí satisfacción al completar el diálogo entre el filósofo y el obispo. Y me quedó la sombra de que en clase hacía años no me habían contado más que la mitad. Hube de descubrir yo la otra mitad. Como en muchas otras cosas en la vida. También llegué más adelante en la vida al verso de Machado:

'Dijiste media verdad.
Dirán que mientes dos veces
si dices la otra mitad.'

La verdad hay siempre que contarla entera para que sea verdad. De verdad.

CAMBIAR

En una ocasión el padre provincial de los jesuitas de Alemania vino en visita a la India. Pasó por mi ciudad de Ahmedabad y allí nos reunimos con él un grupo mixto de jesuitas desde novicios hasta sacerdotes veteranos, y le escuchamos la inspirada y entretenida charla que nos dio en inglés sobre sus experiencias en la orden como súbdito y como superior. Acabó la charla diciendo con voz cálida y gesto ferviente: 'Si mil veces naciera, mil veces volvería a entrar en el noviciado de la Compañía de Jesús.' Aplausos. En la comida que siguió a la charla, me tocó a mí estar sentado a su lado, y comentando su charla y su final, le dije con una sonrisa: 'Hombre... de mil veces... aunque solo fuera por curiosidad... ¿no le parece a usted que alguna vez uno podría escoger algo distinto para variar?' El buen alemán tomó mi propuesta en serio y me retó: '¿Y qué consideraría usted mejor que ser jesuita? ¿Qué querría usted ser para variar?' Yo le contesté pícaramente: 'Bueno, dominico por ejemplo.' Y los que estaban alrededor no pudieron contener sus risas por más que las disimulasen. Sabido es que jesuitas y dominicos hemos ocupado polos opuestos en lides escolásticas. Y está claro también que mi propuesta de cambio tampoco se limitaba precisamente a un cambio de hábito. Ni a uno solo en mil. Todo quedó en anécdota de la que él se olvidaría enseguida y yo no me he olvidado nunca. Por algo será. Él era alemán. Y era provincial. Yo soy español. Y nunca he sido superior. El no haber tenido nunca en la vida ningún cargo oficial me ha ayudado a conservar cierta flexibilidad en la mente. Y en la vida.

En otra ocasión, ya en tiempos más cercanos de apertura y aventura y aggiornamento y esparcimiento, estábamos un grupo de jesuitas jóvenes hablando de lo que se había dado en llamar 'celebrar la vida', o sea la tendencia a superar el sombrío aspecto de ayunos y vigilias y penitencias voluntarias y mortificaciones («mortem facio» en latín, es decir «causo la muerte»: ¡nada menos!) que habíamos heredado de los monjes medievales, y abrirnos un poco a la alegría y el regocijo y la espontaneidad y la naturalidad de saber disfrutar de la vida en lo bueno y grato que a veces nos trae, sin condicionarnos a sus goces pero sin renunciar tampoco a sus satisfacciones materiales cuando se nos ofrecen inocentemente en nuestro camino. Una buena comida, un viaje, una película, una excursión, un concierto, una obra de teatro. No tanta mortificación y tanta penitencia, sino disfrutar y celebrar. No basta con saber ayunar de cuando en cuando. También es importante saber disfrutar una buena comida cuando se presenta. Que ya trae penas bastantes la vida sin ir a buscarlas. Celebrar la vida. Con inocencia y gratitud. Esa era la tendencia, y la estábamos discutiendo y proponiendo con humor y reconocimiento.

A mi lado estaba sentado un sacerdote jesuita de mediana edad, conocido por su vida de asceta, austero en sus costumbres y espartano en su conducta, respetado por la sobriedad de sus hábitos y la espiritualidad de su carácter. En toda su vida de religioso no había ido nunca al cine, no había visitado un restaurante, no había leído una novela. Modelo exagerado de rigor penitente en su vida religiosa. Siempre había sido así, y ahora estaba participando, algo incómodo, en aquella reunión de aires nuevos y alegrías antes evitadas y ahora bienvenidas entre jóvenes. Celebrar la vida. No era ésa precisamente su especialidad. Yo estaba sentado a su lado y mientras procedía la discusión entre todos, sentía la tensión de mi vecino casi físicamente de silla a silla. No dijo nada durante todo el intercambio de ideas y experiencias. Escuchaba atentamente, tieso, rígido, intenso. En un momento murmuró algo por lo bajo y yo lo oí. Se lo dijo a sí mismo, no al grupo en voz alta ni a mí, sino en voz muy baja a sí mismo, en suspiro privado, ensimismado, concentrado. Dijo, y yo le oí: 'Si eso es verdad, yo he hecho el primo toda la vida.' Y siguió en silencio.

Yo reflexioné allí mismo sin decir nada. Si eso era verdad, él había hecho el primo. Así pensaba él. Si era verdad que había que celebrar la vida, que se podía tener una buena comida y ver una buena película y salir de excursión y divertirse y pasarlo bien aun en medio de nuestra vida consagrada y recogida, si no eran ya tan importantes sus penitencias y sus austeridades y sus ayunos y sus vigilias, y se aceptaban las alegrías y las diversiones y los esparcimientos y las celebraciones, él, que había renunciado a todo eso en nombre de su espiritualidad exagerada, se había equivocado. Claro que eso no era verdad en manera alguna, pero él lo veía así en aquel momento. Se había equivocado. Había hecho el primo. Y aquí viene lo importante y lo interesante. Como él no quiere haber hecho el primo (que no lo ha hecho), como no quiere admitir que se ha equivocado (que, repito, no es equivocación sino cambio de enfoque), se niega a cambiar. Se niega a admitir que hay que 'celebrar la vida', hay que pasarlo bien en cuanto inocentemente se pueda, y hay que divertirse y disfrutar, incluso hay que estar dispuesto a ir al cine o leer una novela si se tercia.

O aun quizá –¡Dios no lo permita!– tomarse un helado en verano. ¡Nunca! Y siguió su vida como la había vivido siempre. Aún
se volvió más austero y penitente, y siguió sin ir al cine ni leer
novelas en toda su vida ni tomarse un helado. Tampoco es que se
perdiera mucho por eso, la verdad, pero su actitud y rigidez sí le
hicieron daño. Se negó a cambiar para no dejar de ser él mismo.
Seguiría siendo el mismo hasta el final para demostrar que así
es como había que ser desde el principio. Que se relajaran los
demás; él no lo haría nunca. Siguió su vida austera y penitente
hasta que murió sin haber tomado un helado en su vida. Y los
hay muy buenos en la India. Mi favorito es el de marca Vadilal
en su especialidad de chocolate con nueces.

Espero no te importe diga yo ahora esto en público de ti, Basil
Lalabhai, que estarás disfrutando el premio de tus austeridades y
celebrando la vida de verdad ya que ahora estás allí donde la vida
ya no se acaba nunca. Y donde no hacen falta helados.

La elegancia del cambio está precisamente en sentirse tan a
gusto con el pasado que se puede aceptar con naturalidad el
futuro. No se cambia por estar incómodo en la postura anterior,
sino precisamente por estar cómodo, ya que eso garantiza que
no cambiamos por necesidad sino por opción libre, no tenemos
nada en contra de lo que hemos vivido, pero sabemos que la vida
es larga y el mundo es ancho, y queremos probar nuevos sabo-
res y explorar nuevos paisajes. Cambiamos porque nos fiamos
de la vida. Bien estuvo lo que hicimos, y bien estará lo que nos
disponemos a hacer. La vida es crecimiento, y siempre estamos
dispuestos a crecer. Y al crecer, cambiamos. Bienvenido sea el
cambio.

Una vez en la India, caminando por campos reverberantes con
el verde húmedo de los monzones, noté un reflejo de espejos en
unos matorrales y me acerqué con curiosidad y cautela. Y lo vi.

La estación de las lluvias le había traído a alguien un cambio existencial. Allí, colgada de la rama de un espino, brillante y transparente, de una pieza de arriba abajo, con mil encajes unidos en tejido continuo de escamas simétricas estaba la camisa recién descartada de una serpiente. Cambio vital. Crecimiento orgánico. Ritual de primavera. La piel defiende pero limita. Es necesaria pero aprieta. Se ensancha el cuerpo y necesita nuevos espacios. Hay que cambiar de piel. La serpiente lo sabe. Y lo hace. Engancha un extremo en un espino y se desliza libre con el despliegue alegre de su piel nueva que se estrena debajo de la antigua. Dejando colgada su lección de vida, su memoria transparente, su último capítulo en la rama del espino para que lo veamos nosotros y aprendamos. Para crecer hay que cambiar de piel. De vez en cuando.

No es que haya que provocar el cambio. No hay que impacientarse, precipitarse, preocuparse por cambiar. Sencillamente hay que estar alerta, despierto, dispuesto. Hay que dejar venir al cambio cuando venga, que ya vendrá. Nunca resistirlo, ignorarlo, evitarlo. Sino encontrar un arbusto, una espina oportuna, engancharse y tirar hacia abajo. Tan fácil como eso. El cambio es parte de la vida y como tal le damos la bienvenida cuando viene. El cambio es vida. Ya habrá ocasiones de sobra.

PUNTO DE PARTIDA

Es el año 1931. Yo tengo seis años. Estoy paseando de la mano de mi padre por las calles de Zaragoza. Las paredes de todos los edificios están llenas de carteles de las elecciones para un nuevo gobierno. ¡Vota a las derechas! ¡Vota a las izquierdas! Con caras y nombres y programas y promesas que yo no entiendo. Pero veo lo de derechas e izquierdas y lo de elecciones, y el siguiente diálogo, con preguntas eternamente infantiles y respuestas pacientemente adultas, tiene lugar entre padre e hijo mientras andamos por la calle:

- Papá, ¿qué son las elecciones?
- Es votar para elegir un nuevo gobierno.
- ¿Qué es votar?
- Votar es decir qué partido prefieres.
- ¿Qué es partido?
- Partido es el grupo de gente que nos va a gobernar, los de derechas o los de izquierdas.
- ¿Qué son derechas?
- Las derechas son las derechas.
- ¿Y cuáles son las buenas, las derechas o las izquierdas?

- Las buenas son las izquierdas.
- ¿Y qué son las izquierdas?
- Las izquierdas son las izquierdas, hijo, déjame en paz.

Y seguimos andando. Tengo muy pocas memorias de mi infancia, y esta es una de las más claras, con las palabras exactas de mi padre y el sitio donde estábamos cuando las dijo, el Paseo que entonces se llamaba de Sagasta a la altura de la Calle que entonces se llamaba del Arte. (Ahora es De Bolonia, en honor de la División de Bolonia que Mussolini envió para ayudar a las tropas de Franco…, cosa que si los zaragozanos la recordaran cambiarían el nombre de la calle y volverían al anterior que era mucho mejor: Calle del Arte.) 'Las buenas son las izquierdas.' No llegué a saber qué eran las izquierdas ni lo supe hasta mil años después, pero la frase se me quedó grabada para siempre. Mi padre era de izquierdas. Y yo también con él. Sin saberlo. Algún día me acordaría. Y me sonreiría.

Una anécdota del tiempo: Hitler (el dictador alemán) fue a ver a Franco (el dictador español) en una ciudad neutral de Francia (Hendaya, a igual distancia de ambos como mandan las rúbricas) para convencerle de que entrara en la guerra con él, y le prometió que le daría Gibraltar cuando ganasen. Franco se negó. Hitler comentó después sobre la entrevista en frase que se hizo célebre: «Prefiero ir al dentista antes que volver a ver a ese señor.» Eso nos salvó de la derrota – que nos habría hecho perder aún más cosas que Gibraltar.

Un compañero mío indio, John Correia-Afonso, que llegó a ser secretario de la Compañía de Jesús en Roma y hablaba perfectamente el español, me dijo un día hablando de tendencias en la Iglesia que él había vivido de lleno en sus años en Roma, y aunque íbamos hablando en inglés me lo dijo en español para más claridad: 'Yo soy de derechas. No lo puedo remediar.' Me hizo gracia eso de 'no lo puedo remediar'. Como excusándose por ser de derechas. No hay nada que remediar, ni nada por qué excusarse. Somos lo que nos toca, por herencia y por circunstancia y por amigos y por carácter y por lo que nos va cambiando la vida. Tan bueno es en sí lo uno como lo otro. Pero mi buen amigo se veía tan incapaz de cambiar que casi pedía perdón por ello. 'No lo puedo remediar.' Quizá intuía, y generosamente concedía, que el cambiar puede traer beneficios, de los cuales él se veía privado. Pero lo decía con humor que es la mejor de las actitudes. Por eso recuerdo el incidente con cariño.

Sin ponerse a 'remediar' nada, las mismas circunstancias que nos han hecho de una manera, nos pueden, al cambiar ellas, llevarnos a otra, a veces hasta desde un extremo a otro. Y aun a volver a cambiar luego al principio otra vez. Todo tiene 'remedio'. Pero no voy a contar todo el libro en el primer capítulo. Ya irá saliendo.

PRIMER PUNTO DE INFLEXIÓN

Lo que cambió pronto en mi vida fueron las circunstancias. Y el cambio externo propicia siempre el cambio interno, aunque de ordinario no nos damos cuenta de ello cuando ocurre sino más adelante. Un cambio radical iba a producirse bien pronto en mi vida. Mi padre murió cuando yo acababa de cumplir diez años, de una enfermedad, la angina de Vicens, que ahora se cura con antibióticos que entonces no existían. Y pocos meses después estalló la guerra civil en España. Vivíamos en Madrid pero mi madre, mi hermano, y yo habíamos ido a Soria para pasar unos días con unos amigos, y Madrid quedó a un lado de la contienda, y Soria al otro. Perdimos casa y ajuar y todo menos la ropa puesta, y hubimos de buscar refugio en casa de unos tíos míos, Rafael y María Teresa. Eso fue en Tudela de Navarra donde los jesuitas tenían un colegio e internado, y allí fuimos a parar los dos hermanos para poder seguir los estudios. Claro que teníamos que sacar becas pues mi madre no tenía dinero, y eso me motivó felizmente desde el principio. Todo un cambio de escenario y de mentalidad para mí. Y qué divertido resulta dejarse llevar por la vida. Gracias, Rafael y María Teresa.

Cuándo se registró ese cambio en mi memoria consciente no puedo precisarlo. Fue por una parte tan natural y tan espontáneo, y por otra tan radical y fundamental, que sin duda sucedió poco a poco, día a día, suceso a suceso, hasta que me encontré en la otra orilla sin caer en la cuenta de que había cruzado. Un colegio e internado de jesuitas, y más en aquellos años después de la guerra, en el renacimiento religioso del catolicismo ferviente, con la influencia creciente de la Iglesia, con la vuelta de los jesuitas del exilio en el extranjero al que los había condenado la 'impía' república, en el 'siglo de las misiones', en el 'reinado del Corazón de Jesús', en 'la católica España', era un entorno envolvente y arrollador de motivación religiosa. Lo bueno ahora eran las derechas. También sin saberlo todavía, pero ya había cambiado la terminología.

Asumí el cambio sin notarlo. Aprendí a rezar, asistí a misa, comulgaba todos los días y me confesaba todos los sábados (sin saber de qué acusarme), me compré un rosario y lo recé a diario, entré en la Congregación Mariana y lucí su medalla al pecho, canté a voz en cuello los cánticos religiosos de la época («San Miguel Arcángel, oye la oración: / lanza en el infierno al infernal dragón»), hice los Ejercicios Espirituales de san Ignacio todos los años con entrega total. Y todo eso era y sigue siendo maravilloso. Para señalar un acto que concentre la nueva experiencia escojo el hecho, que parece natural ahora pero que entonces era una novedad y una excepción, que me compré un ejemplar de los cuatro evangelios para mi uso personal. Cuando la misa era en latín y la biblia era puro volumen de biblioteca, tener una copia personal de los cuatro evangelios definía a quien abiertamente la buscaba, la adquiría, y la llevaba consigo en el bolsillo. Leer directamente los evangelios seguidos en castellano era un atrevimiento casi insólito, y yo lo hacía sin presumir y sin ocultarlo ante los demás, y sabía que el hacerlo me marcaba como cristiano devoto.

Esa lectura tuvo una influencia enorme sobre mí. Era literalmente descubrir los evangelios, de los que el vulgo cristiano solo conocía de oídas las lecturas separadas de las misas de los domingos, que además eran en latín, y entrar en contacto directo con el texto sagrado en toda su extensión, aprender a distinguir entre Mateo, Marcos, Lucas, y Juan con sus características diferencias, hablar de evangelios sinópticos y apócrifos, identificar pasajes, gozar al encontrarse citas conocidas y más aún al descubrir páginas todavía desconocidas, citar dichos poco citados, conversar con Jesús, meditar directamente en sus palabras, personificar la religión, declararse cristiano ferviente, abrazar todo lo que significaba fe y devoción y catolicismo en prácticas y en principios y en conducta y en política. Aquello era la gloria.

Leer de rodillas en la capilla ante el sagrario por primera vez en la vida y todo seguido el discurso de Jesús en la Última Cena con su Oración Sacerdotal al final en el evangelio de san Juan fue un gozo espiritual, estético, literario, histórico, cultural, emocional, humano y divino al mismo tiempo que me marcó felizmente para siempre. Me trae a la memoria ahora, al recordarlo de mayor, lo que más adelante leería en Fernando Pessoa cuando manifiesta su pena de que después de leer los célebres sermones del jesuita portugués Antonio Vieira, ya no podría volver a experimentar en su vida la emoción de leer *por primera vez* (¿cómo se puede volver a leer algo por primera vez?) aquel maravilloso sermón suyo que comienza con el texto bíblico 'La sabiduría se edificó un templo, erigió siete columnas...'. Se podrá repetir la lectura, pero nada igualará el estremecimiento existencial del primer encuentro con el texto inspirado. Eso me pasó a mí con todo el evangelio de san Juan. Ya no podría volver a leerlo 'por primera vez'.

El contacto directo con la persona de Jesús en el evangelio me llevó a lo que era el ideal del joven católico y la manera más extendida y apreciada de entender nuestra religión entre los jóvenes y se expresaba en esas palabras exactas: la amistad con Jesús. Muchos libros se publicaron entonces sobre el tema, y el que más se difundió se llamaba sencillamente «La Gran Amistad», escrito por un obispo húngaro. Yo me lo sabía de memoria. Jesús como amigo. Intimidad, cariño, confianza, cercanía, simpatía, fervor. Recuerdo constante, diálogos con el sagrario, compartir noticias, leerle a Jesús en voz alta ante el sagrario las cartas recibidas y contarle las aventuras pasadas, miradas y sonrisas al Amigo que siempre se sabía presente, comunión sacramental que era cada día una fiesta. Aquello era el cielo sobre la tierra. Y todo vino de la primera lectura de los evangelios.

Aquel pequeño libro, de tapas atípicamente verdes y con la imagen del Sagrado Corazón en colores vivos en su primera página, resumía y marcaba la nueva etapa que tomaba el control de mi vida. Ahora era yo de derechas. Extrema derecha. Todo lo que he hecho lo he hecho con intensidad, y ahora que era, sin saberlo, conservador, me hice conservador hasta el fondo. Era el primer punto de inflexión en mi vida. Otra vez sin saberlo ni definirlo ni caer en la cuenta del cambio por aquel entonces. Pero claramente marcado en los archivos de mi mente para resurgir algún día. La vida se iba haciendo de cambios. La gráfica se trazaba con puntos de inflexión. Aún quedaban muchos por venir.

EL CLAUSTRO ROMÁNICO

El siguiente punto de inflexión tiene fecha. Y hora. Y lugar fijo en el claustro románico del monasterio benedictino junto al pueblo de Oña en la provincia de Burgos convertido entonces en seminario de la Compañía de Jesús. En ese remoto y bello lugar me encontraba yo en el último año de los tres que formaban el curso de filosofía escolástica en la formación de un jesuita. Era el año 1949 y yo tenía 24 años. Al final de ese curso era cuando recibíamos los destinos que iban a definir nuestro campo de acción en el futuro, es decir, se nos enviaría a hacer una carrera en la universidad para ser luego profesores en alguno de nuestros colegios que era nuestra principal actividad, y había que definir cuál sería esa carrera, ciencias, letras, o alguna otra especialidad. Era el mes de febrero. Habían nombrado hacía poco a un nuevo padre provincial, Fernando Arellano, y él nos escribió que pronto vendría a Oña a darnos nuestros destinos de futuro. Estábamos nerviosamente a la expectativa.

Yo sabía extraoficialmente que se habían hecho ya algunas propuestas para mi futuro. Una era ser profesor de Sagrada Escritura en la Universidad Gregoriana de Roma, otra, profesor de derecho en la Universidad de Deusto en Bilbao, y otra, director de una residencia de estudiantes que se proyectaba abrir en Zaragoza. Todo eran rumores, y honradamente me tenían sin cuidado y me daba lo mismo en aquel momento estudiar una cosa que otra. En mi fervor religioso sabía que la voluntad del superior era la voluntad de Dios, y no había más que pedir. No tenía preferencias personales. Ya me lo dirán.

Y entonces sucedió algo. Llovió un jueves por la tarde. Y volvió a llover el jueves siguiente. Esa lluvia cambió el rumbo de mi vida. Literalmente. Ni Roma ni Bilbao ni Zaragoza. Ni la oración ni la meditación ni el discernimiento de espíritus. Fue la lluvia de dos jueves consecutivos en Oña. Lo cuento tal y como sucedió.

Los jueves por la tarde teníamos el descanso de mitad de semana (el sábado entero era día de trabajo, aunque ya empezaban a oírse rumores inquietantes de la «semana inglesa» con vacación el sábado) que consistía en un paseo de tres horas, de 4 a 7 de la tarde, por los alrededores del pueblo. En grupos de tres, que se habían fijado de antemano aleatoriamente en una tabla para que todos fuéramos alternando con todos a lo largo de todo el año. La primera media hora del paseo conversábamos en latín, para ejercitar la lengua clásica, aunque algunos sencillamente callaban en latín, y luego apurábamos las tres horas de libertad por los campos y picos del entorno. Las opciones eran subir al Caballón, escalar el Pico del Águila, hacer carretera, o llegar hasta el pueblecito de Aguas Cándidas con el encanto permanente de su arroyo cantarín y transparente a lo largo de toda la calle mayor del pueblo, que recoge su bello nombre. Descanso semanal después de intensos trabajos diarios.

Aquel jueves, como todos los jueves, nos reunimos todos con nuestros abrigos negros hasta los pies y nuestros absurdos sombreros clericales redondos y abombados en la cabeza (la teja) y formamos los prefijados grupos de tres en la puerta de salida para salir puntualmente al toque de campana. Pero antes de que tocase la campana empezó a llover torrencialmente. Suspenso. La lluvia no solía ser obstáculo para el paseo y a nadie le importaba mojarse un poco, pero esta vez llovía a cántaros desde el principio. Y no paraba. Se impacientó el aire, se cargó la atmósfera, y por fin, tras una tensa espera, el encargado dio tres palmadas que todos entendimos. Se suspendía el paseo.

Los grupos de tres se deshicieron al instante. Todos sabíamos que al no haber paseo no había grupos, y por aquella vez quedábamos libres para ir a jugar a las damas o al dominó, ponernos a leer un libro, ir a rezar a la capilla, o pasear junto con algún otro por cualquier pasaje del inmenso y laberíntico monasterio benedictino. Gracias a la lluvia. Yo busqué con la mirada a mi mejor amigo, y él me buscó a mí. El monasterio tenía dos claustros monacales, uno románico y otro gótico. El gótico, con su mayor perfección artística y arquitectónica, estaba reservado para los profesores, pero el románico, más sencillo y plebeyo, estaba a nuestro alcance. A él nos dirigimos mi amigo y yo, y comenzamos a dar vueltas al cuadrilátero de columnas iguales mientras caía sonoramente la lluvia cerrada sobre el patio central.

Y hablamos sin cesar. Inevitablemente abrimos el tema. El padre provincial va a venir. ¿A dónde nos destinará? ¿Qué nos tocará hacer con nuestras vidas? ¿Qué nos gustaría? Y en la intimidad de dos almas jóvenes ante el misterio de la vida, en el fervor encendido de lo mejor de la motivación religiosa en lo más noble de la respuesta humana, en el atrevimiento de soñar hazañas por Cristo y proezas por la salvación del mundo, saltó la chispa y se incendió el claustro entero dentro de nosotros. Cada vuelta era un gozo y cada paso era una aventura. En esa explosión de entusiasmo alegre y alocado entre piedras románicas mi amigo atacó:

'Nos hemos quedado a medias, hermano Carlos, nos hemos quedado a medias. Hemos dejado el mundo, como decimos, hemos dejado la familia, el hogar, el matrimonio, la mujer y los hijos, la comodidad, los honores, los triunfos en la vida para servir a Cristo en una vida oscura y abnegada para el bien de las almas y la santificación propia, y eso lo aprecia Jesús y nos recompensará por ello. Ésa es nuestra vocación y la estamos cumpliendo. Pero todo ese mundo que hemos dejado atrás se nos ha metido ahora por delante. Mira a donde vamos a parar. Tú a Roma, a la Universidad Gregoriana, a la cátedra de Sagrada Escritura con todo el prestigio y la influencia que eso supone. ¿Qué más quieres? ¿Es eso dejar el mundo por Cristo? ¡Roma! Y yo a Lovaina a prepararme para ser maestro de novicios, que eso es lo que dicen de mí. Nada menos. ¿No son eso muchos más honores y dignidades y promociones y distinciones que lo que habríamos conseguido allá fuera? ¿Dónde queda nuestro sacrificio? ¿Dónde queda nuestra entrega? ¿Dónde queda nuestra vida oscura y abnegada por Cristo? ¡Valiente vocación que nos trae más glorias y comodidades que todas a las que habíamos renunciado!'

Tenía razón mi amigo. La palabra 'mundo' tenía un sentido peyorativo y maldito entre nosotros. Su puro sentido bíblico. 'Yo he vencido al mundo' había dicho Jesús. (Juan 16:33) El 'mundo' era el enemigo a vencer, el enemigo número uno del alma (los tres enemigos mortales eran en el catecismo 'mundo, demonio, y carne' – la carne era desde luego el sexo por no llamarlo por su nombre) y nosotros nos felicitábamos por haber 'dejado el mundo' para servir a Dios. Ese era el sentido de la vocación religiosa. Pero ahora ese mundo de placeres y honores que habíamos dejado se nos volvía a meter con mayor sutileza y consiguientemente con mayor peligro. Había que hacer algo pronto. No sé por qué vuelta del claustro andábamos ya en aquella espiral encendida de planes y sueños. Mi amigo siguió:

'Te digo lo que vamos a hacer. Vamos a pedir que nos manden a las misiones. Lejos, al extranjero, de por vida. Donde nadie nos conozca, donde tengamos que hablar en un idioma que nunca aprenderemos y vivir entre gente a quienes nunca entenderemos. Ni nos entenderán ellos a nosotros. Ni nos apreciarán. Allí no habrá «mundo» que se meta con nosotros. Eso es a lo que nos lleva nuestra vocación. Después de la vocación religiosa, y para salvaguardarla y completarla, la vocación misionera. Tenemos que hacerlo.'

Yo nunca había pensado en las misiones. No eran motivación ni tenían atractivo alguno para mí. Pero no hay quien resista tres horas dando vueltas a un claustro románico expuesto a los argumentos certeros y al afecto sincero de su mejor amigo. Y además había lógica en su razonamiento. Nuestra vida religiosa no tenía sentido si de alguna manera cedíamos al 'mundo' entre nosotros. Había que vencerlo a toda costa. Nos jugábamos la vida en ello. Y las misiones eran la respuesta. No paró de llover en las tres horas.

Al día siguiente le escribí al padre provincial ofreciéndome para las misiones, en concreto para la India que era la misión encomendada a nuestra provincia. Su respuesta inmediata y afirmativa me llegó el 15 de febrero, fiesta del entonces beato y ahora santo jesuita Claudio de la Colombière a quien yo tenía mucha devoción y por eso recuerdo la fecha. He consultado un calendario perpetuo que me ha dado que ese año el 15 de febrero cayó en martes. El jueves anterior fue en consecuencia el 10 de febrero. El día de la lluvia. Entre las 4 y las 7 de la tarde. En el claustro románico. Aquel fue el momento. El provincial me decía en su carta que estaba pensando en los destinos que nos iba a dar al venir a vernos y que todavía no sabía qué hacer conmigo, cuando le llegó mi petición para la India y vio al instante que eso era lo mejor y me destinaba ya allí desde aquel momento. Mi amigo fue destinado a Venezuela. Gracias, Juanjo.

Sólo me queda anotar la reacción de mi madre cuando se enteró de que el padre provincial me había destinado a la India: «¡De Corella tenía que ser!» Corella es un pequeño pueblo junto a Tudela en Navarra.

EL CANDIDATO AL INFIERNO

La India es lo más importante que me ha sucedido en mi vida. No me atrevo a pensar qué habría sido mi vida sin la India. Allí llegué a los 24 años y la dejé a los 74. Eso da cincuenta años de estancia. Los mejores de la vida. Allí me esperaban los cambios de todo, desde el clima hasta la lengua, desde el vestido hasta el calzado, desde el menú hasta la mente. Todo un punto de inflexión. O una docena. Sin claustros románicos esta vez. Pero bien marcados y pronunciados. Habrá que ir escogiendo algunos.

Yo llegué a Madrás (ahora Chennai, que allí también cambian los nombres como nosotros con Lérida y Lleida, pero Madrás es el nombre que yo acaricio y atesoro en mi memoria) el día de la Fiesta Anual de la Universidad de Loyola en la que yo iba a hacer la carrera de matemáticas para prepararme a ser profesor luego en la Universidad de San Javier de Ahmedabad que aún estaba por fundarse, y a eso iba yo. Aquella fiesta me cogió por sorpresa. Yo nunca había visto cosa semejante en mi humilde vida de estudiante en la España de la posguerra. Aquí en la India la tradición académica y deportiva de Inglaterra se conservaba y se emulaba con creces, y para aquel día habían organizado todo un festival de danzas y deportes al aire libre, de marchas y desfiles, de coros y cuadros que deslumbraban por su colorido, su disciplina, su belleza, su arte y su entusiasmo. Nunca había visto yo una cosa igual. Sentado en las gradas de preferencia, como miembro de la organización que regentaba la universidad, con la sotana blanca recién estrenada, la conciencia sensible de ser extranjero en la multitud india, la timidez de no conocer a nadie y el cariño de querer ya a todos, contemplaba yo atónito aquel espectáculo al aire libre de juventud y energía desbordantes bajo el sol tropical. No salía yo de mi asombro.

El festival duró varias horas. Y todo aquel tiempo había un solo pensamiento en mi cabeza dándome vueltas y vueltas, afirmándose a cada vuelta y avasallándome y atormentándome a cada paso con convicción ineludible y con pena profunda. '¡Qué lástima, qué pena, qué tragedia' –me decía yo a mí mismo una y otra vez– 'que estos jóvenes magníficos, atléticos, artísticos, elegantes, encantadores… tengan que irse todos al infierno! Dios tenga piedad de ellos.'

Te estás riendo ¿verdad? ¿O te parece que esto me lo estoy inventando yo ahora, o que a lo menos era una exageración o una equivocación mía entonces? Pero esto era el año 1949, en tiempos de la posguerra y el preconcilio, cuando acababa de aparecer la encíclica *Mystici Corporis* en la que Pío XII había declarado que no se podía pertenecer al 'alma' de la Iglesia con una intención general de ser bueno sin pertenecer al 'cuerpo' por el bautismo sacramental, ya que tampoco valía el llamado 'bautismo de deseo', es decir que si se supiera que era necesario se recibiría (¡pues claro!), y había de ser bautismo de agua en plena forma para obtener la salvación. El papa proclamaba la doctrina tradicional, repetida, mantenida por papas y concilios y encíclicas y predicación continuada y resumida en la frase 'fuera de la Iglesia no hay salvación'. No había remedio. Aquellos muchachos y muchachas no eran cristianos. No estaban bautizados. No pertenecían a la Iglesia. Y fuera de la Iglesia no había salvación. Al infierno, por duro que parezca. Lo siento, muchachos. Y muchachas.

Aquel mismo día le escribí una carta al padre Marcelino Zalba, a quien yo conocía, decano de teología moral en el seminario de Oña (y luego en la Universidad Gregoriana de Roma, la de mi fallida cátedra de Sagrada Escritura), preguntándole si de alguna manera no se podía interpretar nuestra doctrina de la no salvación de los infieles con alguna amplitud, ya que se me hacía difícil vivir entre gente que iría a parar al infierno. Me contestó indignado: '¿Apenas ha puesto usted el pie en la India y ya está perdiendo la fe? Tenga cuidado no sea usted quien sea reprobado junto con ellos.' Buen consuelo. Pero algo dentro de mí me empezaba a decir que aquello no podía ser así. Perdón, padre Zalba.

Menos mal que aquellos muchachos y muchachas, hindúes y musulmanes o parsis o jainistas o animistas o budistas no sabían que nosotros los mandábamos al infierno. Eso hacía posible la convivencia. Nos callábamos nuestra doctrina y nos hacíamos amigos sin que sospecharan nuestra actitud oficial hacia ellos. Pero no era fácil. No es fácil estar hablando amablemente con una persona mientras por dentro piensas estar hablando con alguien condenado al infierno. Pero algo iba cediendo ya en nosotros, y por el otro lado su amistad y buena voluntad hacia nosotros iban también erosionando desde fuera las asperidades de nuestras creencias. Nuestra intransigencia iba cediendo ante la realidad, y cada vez nos acordábamos menos de nuestra intolerancia. Todos íbamos ganando.

Pero pronto tuve ocasión de encontrarme con alguien que sí conocía nuestros dogmas. Cuando, pocos años más tarde, llegué a regentar en Ahmedabad la cátedra de matemáticas para la que me había preparado en Madrás, hice amistad bien pronto con el rector de la universidad estatal en Ahmedabad, Umáshankar Yoshi, y él me presentó un día a un personaje a quien yo estaba deseando conocer. Dattátreya Bálkrishna Kálelkar había sido colaborador muy cercano de Gandhi y continuaba su labor de 'educar a la India para la independencia' con sus libros, conferencias, viajes, cultura, simpatía y humor. Gandhi había sido asesinado el año anterior a mi llegada a la India, con lo cual yo no pude conocerlo, pero en Kálelkar encontré el vínculo más cercano a su persona y a su obra. Yo había leído sus libros y había escrito sobre él en revistas. Tenía verdadero interés por conocerlo personalmente y trabar amistad, y el rector de la universidad lo sabía y me proporcionó la ocasión. Kálelkar había venido a Ahmedabad, y Umáshankar me llamó. Primero me presentó a mí ante Kálelkar, y luego se volvió hacia él sin decir nada, y Kálelkar se presentó a sí mismo. Juntó sus manos ante el pecho en el saludo indio, las levantó hasta el rostro en señal de respeto, inició una sonrisa en sus labios, y me dijo: 'Se presenta un candidato al infierno.'

¡Horror! ¡Él lo sabía! Él era culto y muy leído y lo sabía todo. Él conocía el cristianismo y el catolicismo, se sabía nuestros dogmas y nuestras doctrinas, se había enterado de la declaración del papa y del concilio 'fuera de la Iglesia no hay salvación', y me la echaba en cara con una sonrisa para suavizarla pero con claridad para recalcarla y marcar posiciones desde el principio precisamente para poder rebasarlas en amistad, como realmente sucedió. Yo le contesté instintivamente: 'Si alguien va al infierno seré yo por haberle mandado a usted allí.' Me sentí feliz con mi respuesta, aunque luego pensando sobre ello comprendí que me había distanciado peligrosamente de la doctrina oficial católica en aquel momento, y no podía ir diciendo por ahí en público lo que le había dicho a Kálelkar en privado.

Esta historia tiene aún otro capítulo… no muy feliz por cierto. El papa Francisco quiso enmendar oficialmente la situación, y lo hizo… pero sólo a medias. Declaró que «aquellos que sin culpa suya no conocen a Cristo y a la Iglesia y cumplen con la ley natural pueden llegar al cielo». Con eso dejaba fuera de salvación a grandes personas como Gandhi y Nehru que conocieron ciertamente a Cristo y a los evangelios y no se bautizaron. A Gandhi incluso le insistieron tanto sus amigos cristianos a que se bautizase que él consultó en Bombay a Gopálkrishna Gókale, que era el intelectual hindú más respetado en la India, y que le contestó que el cristianismo era una gran religión, pero que no había por qué cambiarse a ella ya que todas las religiones llevan a Dios. Parece mentira que al papa Francisco no le aconsejaran mejor en el Vaticano, y da mucha pena.

PUES YO NO

Desde los 10 años en el internado del colegio de Tudela yo había venido haciendo los Ejercicios Espirituales de san Ignacio de Loyola todos los años. Primero en su adolescente versión de tres días de conferencias, que fueron aumentando con la edad a cinco, a ocho, y por fin a su forma original de un mes entero ya en el noviciado de Loyola con silencio total y meditación personal los treinta días. Y, una vez sacerdote, me tocó dirigirlos, primero de una semana para estudiantes, y más tarde del mes entero en todo su rigor para sacerdotes jesuitas en el último año de su formación, y eso repetidamente a lo largo de muchos años. Yo no era el director de ese último año de formación, que era otro a quien le tocaba también dirigir los Ejercicios, pero el padre general de los jesuitas dio orden expresa de que fuera yo quien los dirigiera. Creo que mi formación en España y en Loyola fue la razón de ser de esa orden, pues sin duda era una formación sólida y tradicional por su origen y su lugar. Yo hice mis dos años de noviciado en la casa solariega de Loyola, la célebre Santa Casa, cuna y santuario de la Compañía de Jesús, con su mole de piedra, sus amplios huertos, su basílica, su cúpula, su Capilla de la Conversión con la imagen de tamaño natural de Ignacio leyendo en su convalecencia las vidas de santos que lo convirtieron, y la inscripción por encima, 'Aquí se entregó a Dios Iñigo de Loyola'. Memorias que llevo grabadas a fuego en el alma.

De una manera o de otra los Ejercicios me acompañaron año tras año y esculpieron mi alma con el cincel claro y afilado de la espiritualidad ignaciana. Los Ejercicios, san Ignacio, la Casa de Loyola, la cúpula de la basílica y su órgano Cavaillé-Coll (el Cavaillé-Coll es entre los órganos lo que el Stradivarius entre los violines), el valle, el monte Itzarraiz, el Erlo, los Tchalinchos... han sido referente mío cultural y espiritual de por vida. Todo eso marca para siempre. Soy 'iñiguista' como llamaron a los primeros compañeros de Ignacio. Y agradezco profundamente al padre Arrupe, general de los jesuitas, el haberme designado personalmente año tras año para dirigir a nuestros jóvenes sacerdotes jesuitas en los «Ejercicios de Mes» que todos hacen durante 30 días en su último año de formación antes de salir al trabajo. Claro que yo no me encargaba de todo el año sino sólo de ese mes, y eso no me hizo muy simpático al director de ese último año que se veía privado del mes más importante en su tarea de todo el año (con su inevitable repercusión en los alumnos negativa para él), y me lo hizo saber bien claro en su indignación. No faltan fricciones a veces ni aun en los ministerios del espíritu.

Los Ejercicios constan de cuatro semanas, de las cuales la segunda, tercera, y cuarta se dedican respectivamente a la contemplación de la vida, pasión, y resurrección de Jesús, y la primera a la consideración del pecado y su pena, el infierno. Pronto aprendí que el secreto de unos buenos Ejercicios estaba en su Primera Semana, la sacudida del pecado y su castigo, que llevaba después al ejercitante contrito y agradecido por el perdón a escuchar el llamamiento de Cristo a 'conquistar todo el mundo y todos los enemigos', con la consiguiente entrega fervorosa a su seguimiento y a su causa. Una buena Primera Semana era el portal para una ferviente 'respuesta al Rey Eternal' y a su seguimiento en las tres semanas que se seguían. El pecado era el fundamento del perdón, y el infierno era el aguijón para el cielo.

El cristiano se definía como 'pecador redimido', y en esa definición se basaba su espiritualidad y su personalidad religiosa. Yo, humildemente, era un pecador en mi historia y en mi conciencia, en mi fragilidad y en mi vergüenza, en mis oraciones ('ruega por nosotros, pecadores') y en mis golpes de pecho ('por mi culpa, por mi culpa, por mi gran culpa'). *'Máxima culpa'* decíamos en latín. Y se nos metía en la conciencia en castellano. En consecuencia yo, en mi ministerio, transmitía esa imagen y profundizaba en esa actitud, sabiendo que del fondo del pecado emergería con toda su fuerza el impulso hacia la conversión. Pecado-perdón-gratitud-fervor. Cuanto más fuerte fuera la conciencia de pecado, más fuerte sería el empujón hacia la santidad. Esa era la estrategia en el camino de la gracia. Lo digo sin exageración y sin crítica, como descripción imparcial de lo que viví aquellos años. Nunca riño con mi pasado, y nunca oculto sus excesos.

Por eso no estaba yo dispuesto a la sacudida que me esperaba en la India. No es que allí no hubiera pecado, que los siete pecados capitales son igualmente populares por todas las tierras del mundo, sino que el pecado no era propiamente 'pecado', y el pecador no era precisamente 'pecador'. Todos tenemos nuestros defectos, descuidos, fragilidades, debilidades, errores, nuestra pereza o envidia o vanidad o sexo, pero no nos ponemos de ordinario a hacerle daño a nadie a mala idea, no actuamos por maldad personal, no somos malos, no somos pecadores. Y, sobre todo, el pecado en la India no es 'ofensa de Dios' sino pura debilidad humana que en manera alguna quiere oponerse a Dios y ofenderle. Mientras no se le haga daño a nadie, el pecado para un hindú es mera transgresión de una ley, que se paga con algún sufrimiento a través del *karma,* mientras Dios nos sigue mirando con bondad sin enfadarse. En el cristianismo el pecador ofende a Dios (Salmo 50:6), se constituye en su enemigo (Santiago 4:4) y crucifica a Cristo (Hebreos 6:6), por exagerada, injusta, absurda y nociva que sea la expresión como lo es. Yo habré tenido mis debilidades, que las he tenido, pero yo no he crucificado a Cristo, y me indigna el que me lo digan aunque sea en la biblia. Ese sentimiento existencial de culpa, de ofensa a Dios y de enemistad con él es totalmente ajeno al hinduismo. En el hinduismo se cometen 'faltas' y 'errores' pero nadie es 'pecador' ni tiene complejo de tal ni le causa a Dios ningún daño u ofensa personal mientras no le haga daño a nadie a sabiendas. Esto era una nueva actitud para mí, y yo la iba aprendiendo poco a poco cuando un aparentemente pequeño incidente me sacudió y me abrió los ojos.

La experiencia que me abrió los ojos merece contarse. Estaba yo un día paseando por los terrenos de la Universidad de Vallabh Vidyánagar en el Guyarat, India, con un compañero de clase que se llamaba Amín, hindú de religión, y le pusieron de mote 'Rostro-pálido' por su amistad conmigo que era el de piel blanca, y llegó un momento en la conversación en que yo dije, sin sentido especial sino como manera normal y cristiana de hablar, 'Yo soy pecador…'. No se trataba de ninguna confesión especial ni confidencia íntima, sino sencillamente de mencionar mi situación oficial ante Dios, como frágil persona, siempre necesitado de arrepentimiento y perdón en mi debilidad y mi flaqueza como lo hubiera dicho ante cualquier amigo cristiano en cualquier momento y él lo habría entendido y habríamos seguido la conversación sin más. Pero mi amigo hindú se paró de repente, me miró a la cara, se encogió de hombros –aún podría yo señalar el árbol exacto junto al charco de agua de los monzones que estábamos bordeando en aquel momento– y dijo sencillamente: 'Pues yo no.'

Esas tres palabras me abrieron el alma. 'Pues yo no.' Aquí estaba de pie ante mí un hombre que no era un pecador. Como suena. Con toda sencillez, espontaneidad, profundidad, magnificencia. Yo era pecador, pero él no. No rezaba el 'Yo pecador'. No se daba golpes de pecho. No se confesaba ante el sacerdote. Aquello era toda una revelación. De modo que había gente en el mundo que no eran pecadores, personas de buena voluntad y buena conducta que no hacían daño a nadie, que no se llamaban a sí mismas pecadoras, no se consideraban pecadoras, y eran tan normales como yo, andaban a mi lado, hablaban conmigo, reían y jugaban y se divertían y eran buenas personas y buenos compañeros. Había personas en el mundo que no eran pecadores, y aquí tenía yo por primera vez en la vida a una de ellas en carne y hueso ante mí. Respiré hondo. Me paré. Miré a mi amigo hindú que me acababa de decir que él no era pecador. Y dije sin más: 'Desde ahora, yo tampoco.' Gracias, Amín Rostro-pálido. Gracias, India. Cuando rezo el Ave María cambio siempre el «ruega por nosotros pecadores» por «ruega por nosotros tus hijos» (que, por cierto, es como luego vi que rezaban el Ave María en Chile). Lo digo bajito si es en público con otros para que no me oigan, y con sentido de travesura que alegra el rezo. Que sigan acusándose los pecadores.

Las tres palabras de mi amigo habían desencadenado toda una revolución en mi mente. El cristianismo se basa en el pecado. Sin pecado no hay redención, sin redención no hay encarnación, sin encarnación no hay Cristo, sin Cristo no hay cristianismo. Ya sabía yo entonces que algunos teólogos cristianos no defendían esto, pero eran minoría. A la pregunta escolástica, ¿Habría venido Cristo si Adán no hubiera pecado? Santo Tomás respondió que no, mientras que Duns Scotus respondió que sí. Es decir, que Cristo habría venido de todos modos pues venía por amor nuestro y para estar con nosotros, redención o no. Pero venció Santo Tomás para quien Cristo vino sólo como redentor, y si no hubiera habido pecado original, no habría redentor. Hoy nadie se acuerda de Duns Scotus. Eso era lo que nos enseñaban a nosotros en clase de teología. San Agustín llegó a entonar el célebre *Felix culpa!,* es decir, ¡bendito pecado que nos trajo a Cristo como redentor! Un bello concepto, pero san Agustín tenía por su vida pasada un buen complejo de pecador que nos trasmitió a todos. Más tarde, al estudiar de cerca a san Pablo, aprendí a llamarme a mí mismo y a todos los cristianos como él los llamaba: 'santos'.

Este cambio en mí, a un tiempo gradual y circunstancial, directo y profundo, teórico y práctico, personal y social de pecador a santo, vino después del de la salvación fuera de la Iglesia, reforzándolo y suavizando la primera dureza de mis convicciones religiosas y abriéndolas a una realidad más cercana. Pronto vendrían otras aperturas.

LOS MONZONES

La estación de las lluvias es la novedad climática más apreciable cuando se viaja del occidente al oriente. Cambio de ambiente si los hay. Nueva experiencia que sacude los sentidos, y con ellos, el alma. «Los monzones» como allí la llamamos. La cortina de agua, el diluvio vertical, el océano por las calles, la ropa empapada, el tráfico flotante, los niños jugando en la catarata, los mayores con el traje de trabajo bien envuelto en plástico bajo el brazo para cambiarse en la oficina, la ciudad lavada, los cielos tocando la tierra. Espectáculo cósmico que abarca el horizonte y ensancha la conciencia. Nadie puede ser el mismo después de vivir los monzones del oriente. Dicen que jeques árabes del desierto en África viajan hasta Bombay solo por ver llover. Merece la pena.

A mí también me cambiaron los monzones de manera inesperada. Primero porque me mojé en una ocasión memorable, y después porque lo conté en uno de mis libros y ese es el capítulo que más correspondencia me ha traído de mis lectores de entre todos los más de cien libros que he escrito. Voy a resumirlo.

Durante diez años en la ciudad de Ahmedabad en la India viví yo como peregrino ambulante entre familias hindúes pidiendo la limosna de la hospitalidad de casa en casa y yendo de allí en bicicleta cada día a dar mis clases en la Universidad de San Javier. La bicicleta es el vehículo ideal entre el tráfico loco, los semáforos inútiles, los guardias de circulación tan sonrientes como ineficientes, y las vacas ambulantes en hora punta de ida y vuelta del trabajo para todo el mundo. Vehículo ideal digo… excepto en la estación de las lluvias. Cuando descargan los monzones nada nos defiende de su ataque por los cuatro costados, del agua a media rueda, de los hoyos ocultos por los charcos, de las salpicaduras de los coches, de los resbalones sobre el pavimento inundado. Cada desplazamiento es una aventura, y la bicicleta se convierte en riesgo.

La estación de las lluvias dura cuatro meses, pero eso no quiere decir que esté lloviendo todo el tiempo esos cuatro meses. Hay treguas, y yo confiaba en ellas. Yo me encontraba entonces en mis años de fervor carismático de los que después hablaré, donde 'pedid y recibiréis' era garantía evangélica y bastaba pedir con fe para obtener resultados concretos. Y yo pedía. Con fe. Cada mañana le rogaba a Dios que recordara su promesa solemne, y arreglara los horarios de las nubes de tal manera que de diez y media a once, que era el tiempo de mi carrera urbana, se mantuviera el cielo seco, y su humilde siervo pudiera acudir incólume a su deber en la universidad. Amén. Y le daba las gracias al llegar seco a clase con toda alegría.

Claro que no siempre sucedía así. Las avemarías no cambian la meteorología. Afortunadamente. Si no, sería un buen lío. Nunca llueve a gusto de todos. Y a veces me remojaba. Pero yo había aprendido lo que había que hacer entonces y le decía a Dios: 'Gracias, Señor, porque hoy me habéis concedido no un favor sino dos: no me habéis dado la gracia pedida, porque vos sabíais que no me convenía, y en su lugar me daréis otra gracia a su tiempo por la que os doy ya gracias por adelantado.' Eso me habían enseñado que había que decir en esos casos… pero he de confesar que no lo decía yo con mucha convicción. Más bien con la boca chiquita. No comprendía cómo podía 'convenirme' el mojarme, pero había que decirlo y lo decía.

Un día salí con el cielo amenazador. Apreté los pedales. Estaba ya a punto de llegar a cubierto en la universidad, cuando en el último minuto se desató un chaparrón y en un instante me calé hasta los huesos. «Hombre, Señor, ¿no podíais haber esperado un minuto?» Y pocos días después volvió a pasar lo mismo. Es decir, que yo seguía dando gracias a Dios por fuera mientras me estaba impacientando y enfureciendo por dentro sin reconocérmelo a mí mismo. Y por fin sucedió lo que tenía que suceder. Yo no lo había preparado ni lo había pensado, pero me salió. Inesperado y espontáneo, de modo que el primer sorprendido por lo que dije fui yo mismo. Pero lo dije. Y algo cambió con eso dentro de mí.

Cuento cómo pasó. Volví a llegar otro día mojado y embarrado. Apoyé la bici en la pared. Entré con los zapatos sucios en la capilla, que afortunadamente estaba vacía. Me planté ante el altar y el sagrario, y dije en voz alta: 'Esto no funciona, Señor. Con esto lo único que estoy consiguiendo es acumular resentimiento contra vos y estropear nuestra relación mutua, que es lo último que quiero que se estropee. Vamos a arreglarlo. Desde este momento y para siempre en mi vida, yo os libero a vos de vuestra obligación de cumplir la clara y solemne promesa que disteis en el evangelio diciendo «pedid y recibiréis» sin condición alguna. Y por cierto que tampoco comprendo esa promesa cuando bien sabéis que dos personas devotas os pueden pedir dos cosas totalmente opuestas, y entonces no puedes conceder las dos a la vez. El agricultor os pide que llueva, y el caminante os pide que no llueva. Y los dos os citan vuestra promesa «pedid y recibiréis». Vos sabréis lo que hacéis. Por mi parte os digo claramente que yo puedo pedir lo que quiera, y vos podéis hacer siempre lo que queráis con mi petición. Libertad absoluta. No os sintáis obligado a escucharme. Y luego, por el mismo rasero, entiendo que yo también quedo libre de todas las expectativas y normativas que vos habéis decretado para mi cumplimiento. Amén.'

Me limpié como pude del barro, y me fui a dar clase con el alma en paz. Hasta entonces la lluvia me había causado dos problemas: uno, el mojarme, y otro, el tener que reconciliar la promesa evangélica con la oración no escuchada, y la oculta frustración resultante. Ahora tenía solo un problema, el mojarme. Cambio de ropa, y a otra cosa, como todo el mundo. Bendito pacto.

Y aquí viene lo interesante, como he dicho. Ese incidente lo había yo contado en un libro mío, y esa es la página de todos mis escritos que me ha traído más correspondencia de lectores en toda mi vida. ¿Por qué esa reacción tan extendida? Muchos quieren que les defina exactamente en qué consiste esa libertad con Dios, el dejar a un lado 'expectativas y normativas' y andar por libre, por así decirlo. Es decir, lo entienden perfectamente pero no se atreven a practicarlo, y por eso quieren que yo se lo diga en detalle para que yo cargue con la responsabilidad de sus acciones y ellos no tengan problemas con Dios o con sus representantes. Por eso me han escrito tantos. Pero claro, la libertad no la puede conseguir más que uno mismo. Y eso no es fácil. La libertad interior es el mayor logro del alma y por eso mismo el más difícil de alcanzar. Y la última libertad es la libertad con Dios. Nos detiene el miedo, el escrúpulo, la falta de costumbre, la falsa humildad. ¿Quién se atreve a decirle eso a Dios? Sentirse libre ante Dios es un paso atrevido, y pocos se arriesgan a él.

Siempre con delicadeza, con humildad, con sentido común, con respeto desde luego, y con la resolución de nunca hacerle daño a nadie. Pero con libertad. Y eso no es fácil.

Añado aquí una anécdota, con mucho cariño por ser de mi madre, y también con algún sentido de travesura por ser claramente volteriana. Pero todo hay que contarlo. Esto le pasó cuando yo estaba en la India. Estaba ella en casa con la muchacha que la atendía, y era un domingo por la mañana. Salían las dos juntas para ir a misa en la iglesia cercana, pero se les había hecho un poco tarde y mi madre le dijo a la muchacha al cerrar la puerta: «No se detenga a cerrar con llave que llegamos tarde.» Y cerraron la puerta pero no echaron la llave. Un ladrón (que por lo visto los hay al acecho) aprovechó la ocasión, entró en la casa con una ganzúa ordinaria, y se llevó todo el dinero que encontró. Lo volteriano del caso es que yo al enterarme reaccioné con una sonrisa. Me salió espontánea.

Me gusta recitar el salmo que yo llamo de los monzones:

'La voz del Señor sobre las aguas,
el Dios de la gloria ha tronado,
el Señor sobre las aguas torrenciales.

La voz del Señor es potente,
la voz del Señor es magnífica,
la voz del Señor descuaja los cedros.

El Señor descuaja los cedros del Líbano.
El Señor se sienta por encima del aguacero,
el Señor se sienta como rey eterno.

El Señor da fuerza a su pueblo,
el Señor bendice a su pueblo con la paz.'

(Salmo 28)

LOS SALMOS

Acabo de citar un salmo, y eso no ha sido al azar. Los salmos han jugado un papel importante en mi vida. Como lo ha hecho la biblia entera. El libro de los cuatro evangelios que adquirí y disfruté de joven, como he dicho, me abrió el apetito bíblico. Lectura directa del texto sagrado. Y, pronto también, el estudio de comentarios de los grandes autores sobre diversos libros de la biblia. Me fijé especialmente en los salmos en el Antiguo Testamento y en las epístolas de san Pablo en el Nuevo. Salmos y epístolas han forjado mi alma. Los salmos son poesía, fervor, historia, confidencia, queja, entusiasmo, lágrima y gozo, guerra y liturgia, triunfo y derrota, vida y muerte. Cubren toda la vida y llenan el alma entera. Cada estado de ánimo y cada situación en la vida tienen su expresión en sus versos. Son el mejor compañero de camino en las vicisitudes de nuestro peregrinaje en la tierra. Basta con recordar una palabra, identificar una situación, citar una línea para hacer surgir el salmo oportuno y poner en palabras inspiradas el sentimiento personal que nos embarga en el momento.

No llegué a aprenderme los 150 salmos de memoria, pero sí hice algo parecido. Me escribí con letra minúscula en una pequeña tarjeta –que he conservado toda la vida y tengo ante mi vista– los 150 números por orden, y una palabra, una sola enfrente de cada uno para identificar en mi memoria el salmo correspondiente. Y con solo una mirada rápida a mi tarjeta podía yo y puedo aun hoy en día rescatar el salmo adaptado a cada momento y circunstancia.

Un día durante nuestra oración comunitaria en la terraza cubierta por encima pero abierta por los lados al cielo se desató de repente un chaparrón que llenó de ruido y de humedad nuestra oración. Yo sin más encontré el salmo oportuno y recité en voz alta:

'Tú visitas la tierra y la inundas,
la colmas de riquezas.
Los ríos rebosan de agua,
con tus lluvias ablandas la tierra.'

(Salmo 64)

Otro día rezábamos ante los fuegos nocturnos de los disturbios callejeros de las reyertas (por desgracia frecuentes) entre musulmanes e hindúes en la ciudad, y yo cité otro salmo:

'Veo discordia y altercado en la ciudad,
rondan día y noche por sus murallas.
Y dentro hay iniquidad y malicia,
solo crímenes dentro;
jamás se ausentan de sus plazas
la tiranía y el engaño.'

(Salmo 54)

Cuando se hicieron planos para una nueva residencia nuestra y rezamos por el éxito de su construcción, yo recurrí al salmo 126:

'Si el Señor no construye la casa,
en vano se afanan los constructores.'

Y en una misa con los últimos votos de un compañero recité:

'Cumpliré mis votos a Yahvé
en presencia de todos su pueblo,
en los atrios de la casa del Señor,
en medio de ti, Jerusalén.'

(Salmo 165)

Mis compañeros lo sabían, y recurrían a mí para localizar el salmo oportuno en el momento oportuno. Hay un salmo para cada ocasión, y así lo vi yo pronto en mi vida para provecho mío y de quienes me leyeron y escucharon. Estudié comentarios de salmos, antiguos y modernos, y de todos ellos el que más me inspiró y ayudó fue el de san Roberto Belarmino. Como anécdota de bibliotecario cito lo que me ocurrió con el libro de Thomas Merton sobre los salmos. Él lo tituló *Bread in the Wilderness* (Pan en el desierto), y el bibliotecario, que (como todos los bibliotecarios) cataloga los libros sin leerlos, pensó por su título que era un libro sobre la Eucaristía y lo puso en la sección de sacramentos. De allí hube de rescatarlo yo para ponerlo donde le correspondía entre los comentarios al Antiguo Testamento.

'¡Todo lo que respira, alabe al Señor!'

(Último verso del último salmo 150)

PROGRESIÓN GEOMÉTRICA

Voy a contar un extremo de mis fervores de juventud del que no me siento ni orgulloso ni avergonzado, pero que da una idea de cómo me entregué al ideal religioso tal y como lo veía con toda claridad y lo seguía con toda lógica hasta el final. Reflejo fiel de mi carácter y de mi conducta. Ir a por todas. Nada de mediocridades. Si lo hago, lo he de hacer de la manera más completa y más eficaz que yo pueda. Los términos medios no se hicieron para mí. O todo, o nada. Allá voy yo.

En el internado del colegio de Tudela se nos enseñó la práctica cristiana de la confesión semanal. Los sábados por la tarde íbamos todos a la capilla donde varios confesores esperaban en sus confesionarios, se formaban colas ante ellos, nos arrodillábamos cuando nos llegaba el turno, enumerábamos nuestros pecados semanales ante el confesor, y él nos decía unas palabras, nos daba la absolución, y nos imponía la penitencia. Como nuestros pecados no llegaban a mucho, habíamos de añadir al final de la lista, 'y los pecados de la vida pasada', para que hubiera 'materia suficiente' de confesión y el sacramento fuera más eficaz. Sin pensar que en nuestra 'vida pasada' aún había menos crímenes personales, y que muchos pecados pequeños no hacen uno grande, pero esa era la rúbrica. Tres avemarías, una genuflexión, y hasta el próximo sábado.

Nos instruyeron debidamente en los méritos de la confesión. Desde luego era obligatoria si había pecados mortales, pero aunque no los hubiera era y es siempre un medio de aprovechamiento espiritual, pues es un sacramento que nos aumenta la gracia santificante, el tesoro espiritual que habrá de decidir nuestro puesto en el cielo por toda la eternidad. Cuanto más gracia en el momento de morir, más gloria por toda la eternidad. Por eso era importante aprovecharse de esa ocasión semanal o hacerla aún más frecuente todavía varias veces por semana para mejorar con facilidad nuestra suerte eterna. La recomendación era clara y convincente. Y todo eso era y es bella y benéfica doctrina.

Aprendí más aún. Un fervoroso predicador nos instruyó en unos Ejercicios Espirituales que en cada confesión se duplicaba el caudal de gracia que poseíamos en aquel momento. Doble cada vez. Aunque eso era propio cálculo suyo sin cita oficial alguna, nosotros nos lo creímos. Por entonces nos explicaban en clase de matemáticas las tres progresiones clásicas, la aritmética, la geométrica, y la armónica. La geométrica era la del doble cada vez. Y era vertiginosa. Era la del 2, 4, 8, 16, 32, 64, 128…, y bien pronto en cifras astronómicas. Merecía la pena. Cada confesión doblaba la cuenta. Había que aprovecharse. Ya he dicho que para mí no había términos medios, y pensé en aumentar el número de mis confesiones para elevar mi puesto en la gloria. No se me ocurrió cuestionar la teología del predicador, que ahora entiendo no tenía fundamento dogmático alguno. Ni importa al caso. Lo que sí permaneció siempre como verdad en mi mente era que cada confesión aumentaba la gracia santificante, y esa era su fuerza. La gracia santificante es el pasaporte para el cielo. Con asiento reservado según el caudal de gracia acumulado en la tierra.

Y aquí venía mi lógica. Si cada confesión valía tanto, y era tan fácil practicarla, merecía la pena hacerlo con la mayor frecuencia posible. Era acumular riquezas con solo una pequeña molestia. Para colmo se nos ponía como modelo al padre Albéniz, profesor de latín y de violín en el colegio, quien, según se nos decía bajando la voz, se confesaba todos los días. Claro que nosotros no podíamos hacerlo porque los confesores no darían abasto, pero quedaba el ejemplo. Y por lo visto algunos santos también lo habían hecho. Había que imitarlos cuando fuera posible. También era verdad que el buen padre Albéniz tenía muy mal genio y quizá se acusara de ello a diario. Pero tampoco se enmendaba. De todos modos el ejemplo me quedó en la mente. Ya le llegaría su día.

Su día le llegó cuando fui al seminario de Pune para los cuatro años de estudios de teología. Allí había cientos de seminaristas, y todos los del cuarto año eran ya sacerdotes pues la ordenación sacerdotal tenía lugar a final del tercer año. Eso quería decir que a mi alrededor, y muchos con puertas en mi propio pasillo, vivía un centenar de sacerdotes recién ordenados, ansiosos todos ellos de ejercer su ministerio, con pocas ocasiones de hacerlo, y encantados si alguien se les acercaba a pedirles que lo oyeran en confesión para irse entrenando. Esa era mi oportunidad. Manos a la obra. Todo lo que yo tenía que hacer era llamar tímidamente a la puerta de uno de esos cuartos, entrar humildemente, rogarle al asombrado neo-sacerdote que oyera mi confesión, ponerme de rodillas, y acusarme de que me había distraído en la oración, había hablado en tiempo de silencio, había criticado a un profesor a sus espaldas, y… de 'todos los pecados de la vida pasada'. Absolución, tres avemarías, y el doble de gracia. Y mañana a llamar a otra puerta. Así lo hice durante cuatro años. Y nadie se enteró de mi truco.

Ya comprendo que para aquellos jóvenes sacerdotes que iban aumentando mi gracia santificante día a día yo fui más bien una decepción. Iba yo a uno distinto cada día para no causar molestias, y no les explicaba mi historia ni mis motivos a cada uno. Al verme entrar en sus cuartos penitente y contrito y pedirles confesión, sin duda se imaginarían que yo habría cometido algún pecado imperdonable, que me daba vergüenza y hasta miedo ir a decírselo al padre espiritual que era con quien nos confesábamos de ordinario, y que buscaba el refugio discreto de un compañero recién ordenado sacerdote para descargar mi conciencia. O yo había envenenado al obispo o pensaba ponerle fuego al seminario o había dejado embarazada a una monja. Algo así se imaginarían al verme entrar y arrodillarme ante ellos. Y cuando estaban dispuestos a ejercer el recién adquirido 'poder de las llaves' con toda su fuerza en el sacramento de la confesión, se encontraban con la rutina mínima de un alma timorata y devota. Distracciones en la oración…, y tres avemarías de penitencia. Lo siento, queridos compañeros. Pero al menos no me podréis negar que yo fui lógico en mi práctica sacramental aquellos años. Progresión geométrica.

Repito que no siento ni orgullo ni vergüenza al contarlo. Me sirve para anotar lo que quizá ha apoyado a mis cambios y a mis puntos de inflexión a lo largo de mi vida. Mi tendencia a entregarme del todo a todo lo que hago. Eso lleva a extremos, y los extremos, al alcanzarse, llevan a cambios. Cambio luego existo.

CANTANDO EN 'LENGUAS'

Nada más llegado a la India, en el noviciado jesuita de Vina-yálaya en Bombay, conocí al que más adelante fue el justamente célebre padre Anthony de Mello. Volví a encontrarme con él en mis años del seminario de Pune y cultivé ya desde entonces su amistad y aprecié sus extraordinarias cualidades. Más tarde, ambos ya sacerdotes, me comunicó que iba a dirigir la experiencia de los Ejercicios Espirituales Ignacianos de un mes entero. Él había aprendido la práctica del padre José Calveras en España, especialista en la materia, y la proponía ahora en todo su rigor primitivo para voluntarios fuera de la obligación que los jesuitas tenemos de hacerlos al principio y al fin de nuestra carrera. Me apunté enseguida. Llegamos un pequeño grupo de jesuitas a Khandala, en los Ghats Occidentales entre Bombay y Pune, y participamos en una de las experiencias más intensas y originales de la vida religiosa.

El centro de todo aquel esfuerzo espiritual era, en palabras de Tony repetidas a diario, ni más ni menos que la experiencia directa de Dios. A eso iban todos los ejercicios. Oración y contemplación y silencio y mortificación y penitencia y examen de conciencia estaban muy bien, pero eso era solo la cáscara externa. El meollo, la esencia, la razón de ser de todo aquello era pura y únicamente la experiencia de Dios. Experiencia personal, sobrenatural, definitiva, directa, mística con todo el descaro de la palabra. Tony hablaba con una claridad y casi caradura que no dejaba lugar a dudas. 'Si no llegáis a eso, estáis perdiendo el tiempo. ¿Qué hacéis aquí un mes entero separados de todo el mundo sin hacer nada? Claro que la visitación personal y experiencial de Dios es una gracia especial suya, pero él está deseando dárnosla, y a nosotros nos toca abrirnos a ella, esperarla, pedirla, prepararnos para su venida, recibirla.' Al esposo de los evangelios le gusta que se le espere. Citaba al psicólogo Fritz Perls, fundador de la Gestalt, que era el método de trabajo de Tony, y que decía: 'Enseñar es convencer de que algo es posible.' Desde que sabemos y admitimos que la visitación personal de Dios no es solo para santa Teresa y san Juan de la Cruz sino para todos y cada uno de nosotros, estamos preparados a recibirla. Y vendrá.

San Ignacio en sus Ejercicios Espirituales instruye al director 'que deje *inmediate* obrar al Creador con la criatura', donde *inmediate* es latinismo que significa 'sin mediación', in-mediata-mente, directamente, personalmente y eso es lo que él esperaba en todo aquel que hacía los Ejercicios. Contacto directo y sin intermediarios entre Dios y la persona. Ese es el corazón de los Ejercicios, diluido y olvidado ahora en la proliferación de tales reuniones con métodos modernos y proyecciones y diálogos y fines y resultados muy dignos en sí, pero muy lejos de lo que proponía san Ignacio. Todo eso con humildad espiritual y tranquilidad psicológica evidentemente, ya que no era algo que nosotros consiguiéramos con nuestros esfuerzos, sino algo que Dios quería darnos pero nosotros estábamos obstaculizando con nuestra ceguera. La oración espontánea en común todas las noches con sus intervenciones, peticiones, acciones de gracias y emociones, era testigo de que Dios se prodigaba en su presencia y llegaba a las almas de aquel puñado de loquillos entusiasmados por el Espíritu *inmediate*. En ese ambiente lo sobrenatural resultaba casi natural, y el cielo se tocaba con las manos. Todo esto parece algo extraordinario ahora al contarlo, pero entonces nos parecía a todos lo más natural y normal.

Tony había descubierto por su cuenta el «Movimiento Pentecostal Católico» como se llamó en sus principios. Nos hizo leer a todos el libro *'The Cross and the Switchblade'* (La Cruz y la Navaja Trapera) de David Wilkerson que al ser leído por algunos católicos en América había lanzado el Movimiento Pentecostal entre los católicos, y nos entusiasmó con el realismo, el fervor, la espontaneidad de la alabanza de Dios, la oración de petición, los aleluyas y los hosannas, la imposición de manos, el bautismo del Espíritu, el hablar en lenguas *(glossolalia)*, la curación de enfermos, el don de profecía, la biblia abierta y leída como mensaje concreto en el pasaje que salía y en el momento en que se leía. Y todo ello centrado y basado en la experiencia directa de Dios que era un verdadero renacer en el Espíritu. Tony dirigía todo pero no se implicaba públicamente en el Movimiento y nunca lo mencionó en sus escritos ni charlas al gran público, y así para iniciarme a mí en la *'glossolalia'*, que es exactamente lo que cuenta el Nuevo Testamento sobre hablar en 'otras' lenguas: 'deseo que habléis todos en lenguas' (1 Corintios 14:5) que no se entienden pero que causan gran alegría interior y exterior en quien 'cede' a su impulso y literalmente 'se deja' hablar en ellas o 'se abandona' al carisma, no lo quiso hacer él mismo y me dirigió a Fio Mascarenhas, luego figura internacional en lo que se llamó «Renovación Carismática», y con él me abrí al don. Curiosamente a mí me venía siempre con música, lo cual les pasaba también a algunos, y un día en una parroquia de Bandra en Bombay tuvimos una misa 'cantada en lenguas' que resultó una experiencia tan artística como devota, ya que cada uno cantaba su 'partitura' original en su 'lengua', y el conjunto fue sorprendentemente orquestal y respetuosamente litúrgico. Yo cantaba en 'lenguas' en mi bicicleta por las calles de Ahmedabad con una alegría y un fervor que debió sorprender a más de un policía de tráfico que no sabía lo que yo decía ya que ni yo lo sabía yo mismo. La glossolalia trae mucha alegría, y mucha humildad como pude aprender por experiencia. Gloriosos años aquellos.

Cuando el padre Arrupe, general de los jesuitas, vino a Goa en la India por aquel entonces y quiso enterarse de primera mano acerca de cómo eran esos grupos carismáticos de oración participando personalmente en una reunión discreta de oración sin que se enterara la prensa, cosa que no podía hacer en Roma, fue Tony quien se la organizó y nosotros los que asistimos con edificación de todos. Arrupe nos dijo se llevaba una buena impresión. El período de varios años que se siguió a la experiencia carismática en los Ejercicios de Mes de Khandala fue de un fervor intenso, alegría continuada, cinco horas de oración al día que se pasaban en minutos, misas de paraíso, Biblia viva al lado, y la oración de alabanza en los labios. ¡Alabado sea Dios!

Volviendo a Khandala y al Mes de Ejercicios con sabor carismático, me encontraba yo un día de rodillas en el reclinatorio de mi habitación, delante de un crucifijo colgado en la pared, meditando en la pasión de Cristo que configura la tercera semana de los Ejercicios de Mes. Tranquilo, recogido, normal, concentrado. De repente, sin previo aviso ni sensación externa alguna, entendí el siguiente mensaje en mi mente. Digo 'entendí', y así fue, aunque no oí ni vi palabra alguna escrita ni hablada. Pero la inspiración me llegó clara y definida a la mente: 'Sal de la casa en que estás; vete a vivir de casa en casa entre la gente de la ciudad como huésped ambulante una semana en cada casa; no comiences inmediatamente sino dentro de tres meses.' Esa era la idea. Debo decir que en mi mente no había plan ninguno ni idea de tal modo de vida ni inquietud por mi trabajo ni propuesta de cambio. Estaba feliz en la universidad y en la comunidad, y dispuesto a continuar como estaba por tiempo indefinido. Eso de vivir de casa en casa no encajaba para nada con mi manera de ser que buscaba la privacidad, la soledad, la continuidad, mi cuarto a puerta cerrada, mi concentración en mi trabajo, y eso mismo me recordaron mis amigos cuando se lo dije. Además aquellas familias serían hindúes, y yo católico, lo que hacía más delicada la convivencia. No tenía yo ni idea de qué iba a ser aquello de vivir de casa en casa en la ciudad ni de cómo lo haría, aunque sí sabía que la hospitalidad india se extendía a dar la bienvenida a todo aquel que viniera en nombre de Dios. Pero sabía desde aquel momento que tenía que hacerlo. El mensaje no habría logrado su efecto inmediato si no hubiera venido acompañado de una nube de felicidad y contento que invadió mi alma de repente. Y la emoción no fue pasajera sino que duró varios meses con intensidad. Yo vivía en las nubes. Algo había pasado por mí.

'Por sus frutos los conoceréis', dijo Jesús, y los frutos de los años que pasé viviendo de casa en casa fueron los que dieron un vuelco a mi vida, me dieron credibilidad, intimidad, aun publicidad, me identificaron con la India y su gente, me abrieron a familias y costumbres y creencias y religiones, me hicieron sentirme uno de ellos, rompieron límites y traspasaron fronteras. Gracias a ellos soy lo que soy. Y no lo habría sido nunca sin la intervención de aquel día en la tercera semana de Ejercicios en Khandala. Dios sabe lo que hace. Mi peregrinación urbana resultó uno de los puntos de inflexión más fructíferos de toda mi vida. Aún me escriben vecinos de Ahmedabad invitándome a que vaya a pasar una semana en sus casas. Ahora desde Madrid me quedan lejos.

Es importante recalcar aquí que tales mensajes son relevantes para la persona y el tiempo en que ocurren, y nada más. La experiencia que yo recibo tiene un valor enorme para mí, y absolutamente ninguno para nadie más. Para todos los demás a quienes yo se lo cuente de palabra o por escrito, con celo apostólico de querer enfervorizar a compañeros, como memoria significativa de mi propia vida, o simplemente como mera curiosidad humana, se convierte en material de segunda mano, y pierde valor. Yo puedo estar equivocado, o exagerando o proyectando o imaginando o interpretando cualquier estado psicológico de la mente. Sea como sea, esa experiencia pasa a ser parte de mi vida. Apreciada y atesorada. Pero en manera alguna se la voy a proponer yo a los demás. El toque es personal e intransferible. Ni tampoco voy a repetirla en mi vida. El momento vino y pasó. La vida sigue.

En una ocasión una señora me escribió desde Buenos Aires para decirme que la Virgen se le había aparecido y le había dicho me dijera que yo tenía que escribir un libro sobre el sacerdocio. Me sentí muy honrado de que la Virgen Santísima se acordase de mí desde Buenos Aires y me nombrara por mi nombre, de que conociera mis libros y los hubiese leído y le gustaran por lo visto, que supiera qué temas trataba y de qué podía yo escribir, y me encomendase a mí precisamente la tarea especializada de escribir un libro sobre el sacerdocio cristiano. Me sentí muy honrado. Demasiado honrado, pensándolo bien. Y un poco extrañado. Le contesté con toda delicadeza a aquella buena mujer que le dijera a la Virgen que si quería que yo escribiera un libro me lo dijera a mí. Ella contraatacó diciendo que la Virgen me castigaría. Lo cual me confirmó en mi escepticismo. La experiencia personal tiene sus limitaciones. No he escrito ese libro. Ni me ha castigado la Virgen.

Aun para la misma persona objeto de la experiencia, ésta tiene valor en el momento y tiempo en que se presenta, y no fuera de él. Aun un capítulo bien significativo en la autobiografía personal se convierte pronto en capítulo pasado, que es parte, sí, de toda la historia, pero que está ya cerrado y sobrepasado. Hacer o permitir que un capítulo se convierta en toda la historia es deformarla. Proyectar hasta la eternidad la experiencia de un día es extrapolarla. Dejar que el pasado gobierne al presente es injusto para el pasado y para el presente. Al cabo de diez años de vivir de casa en casa, yo sentí sin más que la etapa llegaba a su fin, y volví a mi propia casa de jesuitas. Las inspiraciones puntuales valen para inspirar en un momento dado, pero no para regir toda una vida. Lo leí más adelante en Krishnamurti: *'El condicionamiento de ayer es tan perjudicial como el condicionamiento de hace mil años; y el condicionamiento impuesto por ti mismo es tan perjudicial como el impuesto por los demás.'* Consejo de oro. Todo vale en la vida, y nada debe dominar sobre lo demás.

Yo tuve bastantes más experiencias de esas a lo largo de varios años, algunas mucho más llamativas, y he contado varias en mis libros con toda naturalidad (Por la fe a la justicia, p.163, Evangelio ahora, p.85), como aquí ésta. Siempre me ayudaron y nunca me obligaron a nada. Bienvenidas cuando vienen, y bienvenidas cuando se van. Libertad siempre.

MAXI Y MINI

No fui yo quien tomé la iniciativa de apuntarme al curso de nueve meses de espiritualidad que Tony de Mello inició por entonces en Pune. Fue el padre provincial, José Javier Aizpún, quien me lo propuso. Me dijo: «Carlos, tú tienes tu trabajo en la universidad y tus escritos en libros y revistas, y para eso estás bien formado; pero ahora también tienes cierta influencia sobre jesuitas jóvenes que se dirigen contigo, y quizá convendría añadir a tus conocimientos teóricos de espiritualidad algunos conocimientos prácticos de psicología como los que imparte Tony en su curso de Pune. Cuanto mejor te formes tú, mejor formarás a otros. ¿Te importaría dedicar un año a hacer ese curso?» De acuerdo. Es posible que el provincial pensara que yo mismo necesitaba el curso, y diplomáticamente me lo propusiera dando un rodeo con eso de mi influencia con los jóvenes. Sí recuerdo que me dio a escoger entre el 'Maxi' de nueve meses y el 'Mini' de tres, que ambos daba Tony, y que yo le contesté casi enfadado: '¿Es que no me conoces, Joe, tantos años como llevamos juntos? No hay minis para mí. Si lo hago, lo haré del todo. Venga la maxi. Los nueve meses.' Me tomé un año sabático de la universidad, me lié los bártulos, y me fui a Pune.

Eso de que no me van los 'minis' es parte de la educación que he recibido, y estoy agradecido por ello. No me gusta hacer las cosas a medias. Tengo mis limitaciones, desde luego, pero dentro de ellas trato de llegar hasta donde puedo llegar, me esfuerzo al máximo, no me quedo en medias tintas, toco fondo, y por eso mismo después de tocar fondo puedo salir de la experiencia con la misma naturalidad con que entré en ella, creando así el movimiento de entrar y salir que enriquece la experiencia y forma la vida. Eso son, dicho de otra manera, las inflexiones de que hablo aquí que van marcando giros en la vida y definiendo su trayectoria. Una línea recta sería muy aburrida. Los puntos de inflexión señalan cambios, ángulos, vueltas, curvas, subidas y bajadas que dan variedad, perspectiva, paisaje, y horizonte a la vida. En clase de cálculo infinitesimal les enseñaba yo a mis alumnos de matemáticas que si la primera «derivada» de una función es cero, eso marca un máximo, un mínimo, o un punto de inflexión en el valor de la función y en la curva que lo representa. Si la segunda derivada es también cero, tenemos un punto de inflexión. Todos los cambios de convexidad están relacionados. Los máximos y mínimos son violentos y causan las cumbres y los valles en la curva, y las crisis en la vida. El punto de inflexión en cambio es más suave, más amable, más elegante, y varía el rumbo manteniendo la continuidad. Por eso yo los señalaba con ilusión en clase, y los acojo con cariño en la vida: quiero decir a los positivos hacia arriba, claro. Me alegra cuando la segunda derivada resulta también cero. Cambio a la vista. Sin trauma. Los profesores de matemáticas saben lo que digo. Quizá algunos alumnos también.

Mi actitud a favor de las inflexiones en matemáticas explica también el interés secreto que sentí para ir ese año a Pune. Mi fervor carismático había llegado a un tope y comenzaba a descender. El entusiasmo bíblico-místico-glosolálico-carismático me duró unos seis años. Me hizo un bien enorme, y esos años fueron una de las etapas más emocionalmente devotas de mi vida. Recé, prediqué, animé, propagué. Pero tanto entusiasmo no puede durar para siempre. Ni debe. La misma intensidad de la experiencia impide la continuidad permanente. Subir al Monte Tabor es maravilloso, y en cierto modo indispensable alguna vez en la vida, pero no se puede permanecer en él como ya se lo dijeron a san Pedro. Las aleluyas y los hosannas son maravillosos en sus primeras expresiones espontáneas y sentidas, pero pronto se hacen repetitivos, oficiales, rutinarios, sombra y eco de sí mismos. No hay nada más enfervorizador que un aleluya vivido y proclamado con ilusión desbordada y arrolladora en un momento de gloria, y no hay nada más aburrido y deprimente que un aleluya susurrado y recitado con monotonía programada y aislada en los momentos debidamente calculados y esperados por todo un grupo. Todo eso me tocó ver y sentir. Y no era ya solo cuestión de aleluyas o sanaciones o profecías o rezar 'en lenguas', sino de la misma oración personal y diaria. Tony, como he dicho, nos había prescrito como la cosa más natural del mundo, que cada día hiciéramos cinco horas de oración, y yo había adoptado la práctica con toda tranquilidad como si tal cosa. Ni yo mismo me explico ahora cómo sacaba yo tiempo y fervor para tanta oración cada día, pero así fue por varios años. Luego poco a poco las cinco horas pasaron a cuatro, a tres, a dos, a una…, y a ese paso amenazaban desaparecer por completo.

La primera «derivada» había dado cero. Eso podía ser un máximo, un mínimo, o un punto de inflexión. Había que hacer algo al respecto. Había que buscar la segunda derivada y examinar la curva. Había que ir a Pune.

Al llegar a Pune hablé claramente con Tony:

- Vengo con ilusión a tu curso.
- No te defraudará.
- Khandala fue magnífico, y fue un mes. Esto van a ser nueve.
- Gestación completa. Pero dime. ¿Qué es lo que realmente te trae aquí? No me vengas con que te interesa la psicología. Te conozco. Y también sospecho por qué vienes, pero dímelo tú.
- Te lo digo. Vengo porque estoy notando que el fervor de Khandala se me está enfriando y quiero recalentarlo.
- Lo sabía.
- Sin que yo te lo dijera.
- Ni nadie. Me conozco la vida.
- Bueno, te cuento el síntoma más claro de ese enfriamiento. Tú sabes el papel que la biblia jugaba en mi vida. Tú me viste usarla en las oraciones en común, citarla, vivirla. Tú sabes que toda mi vida estaba basada en ella. Pues bien, ya no lo está. Y no puedo permitirme este estado. Sigo citando y usando la biblia, desde luego, pero ya no me dice lo que antes. Se me está yendo de las manos, y con ella todo lo que más atesoro, para mí mismo y para mi ministerio. Es lo más importante de mi vida, y quiero que lo siga siendo. Es por mi culpa y por mi tibieza y descuido por lo que estoy perdiendo ese interés y esa devoción en la biblia, y antes de que sea demasiado tarde tengo que hacer un esfuerzo para recuperarlo. Eso es lo que vengo a hacer aquí, junto con tu curso. Haré desde luego el curso entero con todo interés, pero yo sé que nos dejas mucho tiempo libre, y que aquí en este seminario en que estamos hay una magnífica biblioteca con los mejores comentarios bíblicos clásicos y modernos, y con dos buenos

profesores de biblia, Van de Walle para al Antiguo Testamento y George Soares para el Nuevo, ambos amigos míos. Con la ayuda de esos profesores y de esos libros me propongo en este año dedicarme en mis tiempos libres a los estudios bíblicos, a ampliar mis conocimientos, y a renovar mi fervor. Es lo que más necesito en este momento y pienso aprovecharme de esta ocasión providencial. Espero te parezca bien. Nueve meses con tu curso y con la biblia van a cambiar otra vez mi vida.

Yo quedé muy satisfecho con mi exposición. Era con toda sinceridad lo que yo sentía en aquel momento y parecía un buen comienzo para el curso. Tony me escuchó en silencio. Se quedó un buen rato mirándome. Y luego habló. Yo había hablado largo, y él habló muy corto. Preguntó sin más:

- Dime, Carlos. Cuando la biblia entró en tu vida de una manera tan intensa, ¿la dejaste entrar?
- Sí, Tony.
- ¿Y ahora me dices que se está marchando?
- Sí, Tony.
- Pues déjala marchar.

Y eso fue todo. Hace falta toda la genialidad, la libertad, la originalidad, la desfachatez de Tony para dar ese consejo. Cualquier otro guía espiritual habría alabado mi propósito, me habría asegurado un gran provecho espiritual con mis estudios bíblicos, me habría prometido todas las facilidades para seguirlos…, y me habría hecho estrellarme contra la frustración de querer agarrar lo que inevitablemente se marchaba, la humillación de fracasar en mi deseo de volver a enfervorizarme con mis propios esfuerzos, la desesperación de ver mi acariciado intento de renovación espiritual desvanecerse sin remedio, la derrota al no reconocer que las cosas cambian, que los fervores pasan, que la vida sigue y hay que dejarse llevar por ella tal y como viene sin resistirla. Era verdad que me hacía falta algo de psicología para complementar mi espiritualidad. Ambas han de ir mano a mano para nuestro bien. Juntas señalan el camino. El padre provincial había tenido razón, aunque no creo que él tuviera previsto ese resultado concreto nada más comenzar el curso. 'Pues déjala marchar.' Hasta la vista.

Mis amigos bíblicos Van de Walle y George Soares nunca se enteraron de mi primer propósito. Tuve un magnífico año en todos sentidos. No fue ni máximo ni mínimo. Fue punto de inflexión.

HUMOR Y SEXO

En el verano del año 1968 firmó el papa Pablo VI su encíclica *Humanae Vitae* con la prohibición de la píldora y demás medios artificiales anticonceptivos. Poco antes había yo pasado por Roma en visita a España y me había entrevistado allí con el profesor de teología moral, padre Marcelino Zalba, a quien he mencionado antes, que se encontraba ahora de profesor allí, y con quien tuve una larga charla romana muy cordial por ambos lados y eminentemente pastoral. Hablamos primero de la India, sobre la que él se había preparado toda una lista escrita de preguntas que quería hacerme, y luego de Roma. Y hablando de Roma me contó el difícil momento en que él mismo se encontraba.

Él era uno de los miembros que había sido nombrado a dedo por el papa para la comisión que había de recomendar qué posición tomaba el papa en la materia, y estaba presidida por el conservador cardenal Ottaviani. Para entonces la comisión había ya presentado su informe al papa, y este lo estaba meditando. Zalba también era conservador y estaba enormemente preocupado por la situación. La comisión nombrada por el papa le había recomendado por mayoría absoluta (aunque con su presidente Ottaviani en contra) que permitiese el uso de la píldora anticonceptiva. Pablo VI se lo estaba pensando, y de hecho tardó dos años en decidirse. No en vano le llamaban Hamlet por lo que dudaba. Su propia comisión le decía que permitiese la píldora, mientras que su presidente el cardenal Ottaviani le presionaba para que mantuviese la prohibición. Para colmo, el resultado mayoritario de la comisión se filtró, todo el mundo se enteró del veredicto de la comisión a favor de la píldora, e incluso interpretaron la filtración como efectuada por el mismo Vaticano para preparar la opinión pública a la nueva normativa, dando también amplio tiempo para su aceptación con la demora papal en firmarla. Era un cambio importante en la doctrina de la Iglesia, y había que prepararlo.

Zalba estaba furioso. Había defendido con todos los argumentos de la moral y de la historia en clase y en el confesionario la prohibición de la píldora según la doctrina clara y continuada de la Iglesia, y consideraba que un cambio semejante en las enseñanzas papales acabaría con la credibilidad del magisterio eclesiástico. No se puede decir hoy que no y mañana que sí. Me dijo con énfasis: 'El papa no puede cambiar veinte siglos de tradición cristiana, y si lo hace perderá toda su autoridad.' Me resumió lo que decía en sus clases: 'El sexo está ordenado a la procreación, por consiguiente su práctica (desde luego en el matrimonio y nunca fuera de él) ha de estar siempre abierta a la procreación, y si se cierra a ella, queda prohibido.' Abrió un cajón de su mesa y me mostró un fajo de cuartillas escritas a máquina. 'Esto', me dijo agitando las páginas en el aire, 'es un artículo que yo tengo ya preparado y que publicaré el día siguiente al día en que salga la encíclica permitiendo la píldora. En él demuestro que si se permite la píldora, también queda permitida la masturbación, el onanismo, y la homosexualidad, ya que se permite el sexo sin procreación.' Y volvió a guardar su manuscrito en el cajón.

A mí en aquel momento no me preocupaba mucho el tema. En la India yo trabajaba en mi 'parroquia pagana', es decir, con hindúes y musulmanes y parsis y jainistas y agnósticos y ateos a quienes no les atañía la encíclica. Yo era el único jesuita que conocía bien la lengua guyaratí en nuestra universidad en aquellos días (después vinieron otros que la sabían mejor que yo), y así el trabajo se repartió de modo que mis compañeros atendían a ministerios en conventos y parroquias donde las monjas y los feligreses entendían el inglés, mientras yo me dedicaba *ad paganos,* es decir al trato y dirección y charlas y contactos con no cristianos que quedaban facilitados en su propia lengua guyaratí. Por eso no me preocupaba mucho la encíclica. Pero sí me enteré de que al final ganó Ottaviani, y Pablo VI mantuvo la prohibición de la píldora anticonceptiva en contra de lo que su propia comisión le había recomendado. Increíble.

Eso causó todo un revuelo en la Iglesia. El editor del semanario católico inglés *The Tablet,* que yo leía en la India, escribió un largo editorial en el que rechazó la prohibición papal con toda claridad, firmeza, y respeto. Fue algo muy sonado por la responsabilidad, la publicidad y la autoridad de la revista, del artículo y su autor. Acababa diciendo que respetaba de corazón la doctrina del papa, pero su obligación era también reflejar e informar de la voz del pueblo cristiano y católico que en su inmensa mayoría admitía la píldora. El Vaticano aguantó la marea, y se fue estableciendo la doctrina por un lado y la práctica por otro. Opuestas mutuamente. Se transmitía debidamente la prohibición papal, y se constataba que la mayoría no la obedecía. Una carta de una mujer en el mismo semanario las resumía todas:

'Soy irlandesa y católica, y mi marido es irlandés y católico. Tenemos tres hijos y no podríamos atender debidamente a más dada nuestra situación económica y laboral. Tomo la píldora y me confieso de ello cada vez que voy a comulgar. Últimamente un confesor me dijo que no era pecado, que todas lo hacían, que no tenía que confesarlo, y que podía pasar directamente a comulgar sin confesarme. Eso fue un gran alivio para mí. El alivio, sin embargo, quedó algo empañado cuando al final me dijo, «Pero por favor no le diga a nadie que yo se lo he dicho.» ¿Hay que hacerle caso al papa o al confesor? ¿No representan ambos a Dios?'

En mi siguiente venida a España pregunté debidamente a mi superior religioso qué respuesta dar aquí en el confesionario a tales cuestiones, y me contestó textualmente: 'No te preocupes. Eso de la píldora aquí está ya superado. Nosotros no preguntamos y ellas no dicen nada.' Menos mal que en la India yo volvería a mi parroquia pagana donde no existía ese problema.

Más tarde, con la publicación del Catecismo de la Iglesia Católica vino otra situación parecida y casi divertida. Por lo menos yo le saqué a relucir el humor que inconscientemente presentaba la situación. Siguiendo en materia sexual, los documentos eclesiásticos anteriores y nuestros propios libros de texto, como el 'Compendio de Teología Moral Arregui-Zalba' de 1954 que todavía conservo (del mismo Zalba de mis estudios y de mi amistad, que me regaló su tomo al ir yo a la India), sencillamente señalaban que la masturbación era pecado grave siempre. Poco a poco también en esto se había ido bajando el listón en el confesionario y en la dirección espiritual de persona a persona, pero la doctrina oficial seguía firme. Había que ver ahora qué diría el Catecismo, y esto es lo que encontré:

'Tanto el Magisterio de la Iglesia, de acuerdo con una tradición constante, como el sentido moral de los fieles, han afirmado sin ninguna duda que la masturbación es un acto intrínseca y gravemente desordenado.

Para emitir un juicio justo acerca de la responsabilidad moral de los sujetos y para orientar la acción pastoral, ha de tenerse en cuenta la inmadurez afectiva, la fuerza de los hábitos contraídos, el estado de angustia u otros factores psíquicos o sociales que reducen, e incluso anulan la culpabilidad moral.'

(2352)

El texto comenzaba prohibiendo, y acababa anulando la prohibición. Un poco torcido, pero la práctica quedaba clara. Y permisiva. Sí, pero no. La masturbación era 'un acto intrínseca y gravemente desordenado', pero con algo de 'inmadurez afectiva', 'angustia', u 'otros factores' generosamente dejados al penitente quedaba anulada la culpa. Bien claro. Pero un día hube de mostrarle a alguien en la India el texto del Catecismo, y entonces encontré que en su versión inglesa había un cambio sutil pero significativo. En vez de decir al final 'anular', que en inglés sería *annul*, decía *attenuate*, que en español es 'atenuar'. Es decir, que en español la culpa quedaba anulada, mientras que en inglés era solo atenuada. Tenue pero culpa. Algo quedaba. Yo entonces les decía en la India que quien quisiera evitar toda culpa en la práctica debería aprender español, pues la legislación en español la anulaba mientras que la inglesa solo la atenuaba. El humor es siempre la mejor manera de tratar el sexo. Con ventaja para Cervantes.

¿Qué había pasado? Los textos romanos suelen publicarse oficialmente en latín, y de ahí a las vernáculas, pero esta vez salieron las vernáculas primero y el latín después. Cuando se publicó el texto latino se corrigieron las diferencias entre las versiones, que se habían notado para entonces (no soy yo el único que maneja el Catecismo en dos lenguas), y en español quedó así: 'otros factores psíquicos o sociales pueden atenuar o tal vez reducir al mínimo la culpabilidad moral'. Tal vez. Reducir al mínimo. Pero no anular. Habían ganado los ingleses. El nuevo texto inglés dice ahora: '... *factors that lessen, if not even reduce to a minimum, moral culpability.'* Los textos retocados en las dos lenguas reducen la culpabilidad al 'mínimo' sin suprimirla del todo. Empatados. En inglés *'if not even...'* quiere decir 'si es que no...'. El texto latino dice *fortasse* que significa 'quizá'. *'Fortasse etiam ad minimum reducere.'* 'Quizá incluso reducir al mínimo.' Quizá. Tal vez. Si es que no.... Más o menos lo mismo. Se nivelaron las versiones. Por fin. Aunque siempre podía quedar algo de culpa. Quizá un mínimo. Y Cervantes perdía la ventaja.

Pero aún había de venir más. Cuando pocos años más tarde se publicó el Compendio del Catecismo como 'síntesis fiel y segura' del voluminoso Catecismo original para uso más general y práctico, que Ratzinger en persona dirigió como cardenal y promulgó como papa, la masturbación volvió a quedar simplemente como 'pecado gravemente contrario a la castidad' y 'expresión del vicio de la lujuria' (492). Sin más. Sin rebaja ninguna. Sin concesión al 'mínimo'. Sin siquiera un 'tal vez'. Vuelta al Arregui-Zalba. Me imagino que mi antiguo profesor sonreiría satisfecho.

Del mismo padre Zalba, que murió santamente cumplidos los cien años, supe después una anécdota que encaja con todo lo que aquí he dicho de él. La contó en su día nada menos que otro gran teólogo moral, Bernard Häring:

'Está el gran problema del que habló el padre Zalba. Él lo dijo gritando, y yo comprendí que se trataba de la angustia real presente en el alma de un hombre bueno: 'Si estas cosas [la prohibición de anticonceptivos artificiales] pueden cambiarse, ¿qué pasará con los millones de personas que hemos enviado al infierno hasta hoy?'

La señora Crowely, esa simpática y gentil dama norteamericana, le respondió: «Padre Zalba, ¿está usted seguro de que Dios cumplió con todas las órdenes que usted le dio?»'

(Citado en Selecciones de Teología, Julio-Septiembre 2009, Vol. 48, 191, p. 196)

El mismo número de 'Selecciones de Teología' trae una cita de Andrés Torres Queiruga sobre este tema y la opinión de muchos sobre él:

'La persistencia numantina en mantener en todo su rigor normas morales que incluso un gran número de fieles y de teólogos considera anacrónicas y a veces inhumanas, está creando una situación que no resulta exagerado calificar de desastrosa.'

(Ib. p. 228)

Subrayo lo de «persistencia numantina». He visitado las ruinas de Numancia y sé lo que significan. Situación desastrosa.

¡OLVÍDESE!

En 1996 publiqué mi libro 'Querida Iglesia' en España y en Argentina, y en él expuse con claridad y delicadeza los puntos en que yo creo que la Iglesia está perdiendo contacto e influencia con el pueblo cristiano porque sencillamente el pueblo cambia y a la Iglesia se le hace difícil cambiar. Un compañero jesuita, decano de teología dogmática en uno de nuestros seminarios, me dijo: 'Ese es el libro que yo querría haber escrito.' Otro compañero me escribió: '¿Para qué has escrito ese libro? No servirá de nada y eso lo sabes tú perfectamente. La Iglesia no va a cambiar, y menos porque tú se lo digas. ¿Para qué te metes en líos?' Le contesté que el libro sí servía para algo: para satisfacer a mi conciencia. Soy escritor, y me debo a mis libros, a mis lectores, y a mis principios. Mis libros representan mi vida. Sería infiel si dejase de presentar esta parte importante de ella. Precisamente por amor a la Iglesia, y de ahí el nombre del libro, 'Querida Iglesia', y por la pena que me da que pierda su benéfica influencia sobre la sociedad cuando tan necesaria es hoy en el mundo entero.

'La Iglesia', dijo un día entre nosotros nuestro superior religioso, 'no ocupa ahora en el mundo el lugar que le pertenece, y hay que ayudarla a recobrar su puesto y su influencia para bien de todos.' Esa es mi manera de cumplir con ese deber. Honradamente, no habría quedado yo tranquilo si no hubiera escrito y publicado ese libro. Por mí y por quienes se me acercan con esta inquietud en su vida. Muchos son los que me consultan, me preguntan, casi me acosan en su deseo de ser buenos católicos y no poder serlo según la doctrina y preceptos del papa, sobre todo en materia de sexo, que no pueden seguir en su vida, y me urgen a que represente sus voces y alivie su postura. No tratan ya tanto de píldora o preservativo, que parecen estar ya 'superados', sea lo que sea lo que esto significa, pero sí todavía de sexo prematrimonial, prohibición de comulgar a los divorciados y vueltos a casar, homosexualidad. Yo no represento a nadie, pero sufro con todos, y son muchos los que sufren por todo esto en nuestros días, sobre todo divorciados vueltos a casar: ¿Cómo van a educar a sus hijos cristianamente si ellos mismos no pueden comulgar? A quienes me hacen estas consultas, que, repito, son frecuentes, les contesto que yo ya he hecho lo que está en mi mano y en mi línea de trabajo. He publicado un libro en el que trato de todo eso y de otros temas de Iglesia. Con delicadeza y claridad. Muchos me han preguntado si ese libro no me ha acarreado problemas. Me dicen les han dicho que está prohibido por la Iglesia. Les contesto que no está prohibido en manera alguna. El libro no está prohibido y lleva dos ediciones en España y dos en Argentina, pero también tiene su historia. Ha llegado el momento de contarla.

En diciembre de 1999 el padre provincial del Guyarat en la India me llamó urgentemente a su cuarto. Estaba muy agitado y preocupado y me enseñó los papeles que el padre general le había mandado de Roma sobre mí. Nada menos que la acusación de la Congregación para la Doctrina de la Fe del Vaticano contra mi libro 'Querida Iglesia'. La mayor calamidad que le podía suceder al padre provincial era tener un hereje en su provincia, y eso le aterrorizaba. Me miró con horror. En un documento de seis páginas tamaño DIN A/4 con letra pequeña la Sagrada Congregación citaba siete pasajes de mi libro y los denunciaba como contrarios a su doctrina y disciplina. El padre general, que era quien remitía la acusación, me pedía explicase mi postura, y añadía que en su carta a él la Congregación se había quejado que lo que hacía al libro especialmente peligroso era que estaba muy bien escrito ya que el autor tenía 'gran habilidad como escritor'. Buen cumplido de la Congregación de la Fe. El juicio al menos empezaba bien. Por otra parte las páginas de la Congregación de la Fe que me remitió a mí el padre general tenían cortadas las firmas, con lo cual me perdí el poseer un autógrafo de quien después sería papa.

Leí las acusaciones. Tenían fácil defensa. Escribí educadamente la respuesta para cada una de ellas. Se las di al padre provincial para que las enviara a Roma. Y esperé. Pasaron seis años. En noviembre del 2005, se celebraron en Ahmedabad (India) las bodas de oro de nuestra Universidad de San Javier, y el padre general, Peter-Hans Kolvenbach, vino de Roma para presidir la celebración. Me dijeron que lo primero que había hecho al aterrizar en Ahmedabad fue preguntar por mí. No sabía yo que yo era tan importante, pero me halagó y me hizo subir de categoría ante mis compañeros que me repetían que el padre general había estado preguntando por mí toda la mañana. Me presenté a él cuando vino a comer a nuestra residencia, me agarró del brazo, me llevó a un rincón y me preguntó a bocajarro: '¿Le han dicho a usted algo del Vaticano sobre su libro «Querida Iglesia»?' Sacudí la cabeza y le contesté sorprendido, 'No.' Él levantó los dos brazos al aire y me gritó al oído alegremente: '¡A mí tampoco! ¡Olvídese!' Y me senté a su lado en la mesa. Fin de la historia.

Me quedo con que la Congregación para la Doctrina de la Fe ha afirmado en carta oficial al Padre General de los jesuitas que soy buen escritor. Espero que esa declaración también caiga bajo la infalibilidad papal.

EL DIOS ABSTRACTO

Una cosa es estudiar un nuevo concepto en libros de texto para preparar un examen, y otra muy distinta es escuchar ese mismo concepto explicado y vivido por un buen amigo en conversación informal por un lado y profundamente significativa por otro. Eso me sucedió a mí con el concepto hindú de Dios. Me interesó intelectualmente cuando lo estudié en clase, pero me iluminó personalmente sólo cuando me lo contó con toda naturalidad un buen amigo hindú una tarde en que estábamos charlando sin más sobre ideas de religión y de oración para pasar el rato hablando de temas que nos interesaban a los dos sin pretensiones teológicas algunas. Sencillamente una charla de amigos. Y una lección de vida.

Necesito un par de palabras sánscritas. *Saguna Brahman* y *Nirguna Brahman*. *Brahman* es la divinidad suprema, Brahma, que siendo *saguna* es 'con atributos', mientras que *nirguna* es 'sin atributos'. Voy a llamarlos en castellano El Dios Concreto (con atributos) y El Dios Abstracto (sin atributos). El Dios Concreto es para nosotros Dios como Padre a quien alabamos y rezamos, le pedimos favores y le damos gracias, a quien representamos a nuestra manera sabiendo que es imperfecta pero proyectando nuestro concepto más respetuoso en su imagen adorada; es Jesús encarnado, el Buen Pastor, el Sagrado Corazón, el amigo y confidente que camina a nuestro lado y a quien imaginamos y pintamos y esculpimos con el mejor cariño y la mejor arte que tenemos y le dedicamos verso y prosa en el mejor lenguaje que sabemos, le adoramos en el sagrario y le recibimos en la comunión. El Dios cercano, el Dios con atributos, el Dios concreto. Mientras que el Dios Abstracto es el Absoluto, el Altísimo, el Supremo, el Todopoderoso, el Totalmente Otro, la Nube del No Conocer, el Sin Segundo *(A-dvaita)*, el Dios sin atributos, la Noche Oscura del Alma. Bueno, todopoderoso no porque el poder es ya un atributo. Pero sin imagen, sin descripción, lejano, nebuloso. El *Ens ut sic* (El Ser como tal) que decíamos en latín. El Ser en sí mismo. El Dios totalmente abstracto y lejano.

De hecho la teología escolástica tiene también este concepto con su correspondiente nomenclatura, tan esotérica como la sánscrita. La teología apofática y la teología catafática. La catafática trata de definir a Dios diciendo lo que es *(saguna)*, mientras que la apofática lo define diciendo lo que no es *(nirguna)*. Apuesto a que a nadie se le hacen simpáticos estos términos, si es que alguien los ha oído alguna vez. Los originó Dionisio Areopagita en el siglo V, y tuvieron influencia en los místicos franciscanos medievales. Pero por lo demás no han hecho fortuna y están relegados al olvido, lo que es una pena porque son muy útiles como vamos a ver. Los teólogos no los han desarrollado y la devoción popular no los ha asimilado. Por eso estoy proponiendo aquí el Dios Concreto y el Dios Abstracto como lenguaje más amable. Ese fue el tema de mi conversación con el amigo hindú que marcó otra inflexión en mi vida. La conversación fue mucho más divertida que la terminología, y los dos pasamos un buen rato comparando nuestras teologías y nuestras experiencias religiosas en momento de amistad alegre y confianza abierta.

Mi interlocutor era el monje hindú Swami Sacchidánandyi, sabio y filósofo, escritor y predicador, reformador social y pensador original. Estábamos solos los dos, profundizando en espiral amistosa en intimidad y espiritualidad, cuando en un momento de la conversación se volvió hacia mí, me miró con mirada entre atrevida y curiosa, y me preguntó como la cosa más natural del mundo algo que yo ya entendía y pude retomar al instante. Era el *saguna* y el *nirguna,* desde luego, el Concreto y el Abstracto:

- ¿Tú andas por el Dios Concreto o por el Dios Abstracto?
- Ya sé lo que quieres decir, pero me lo voy a tener que pensar.
- ¿Es que no tenéis ese concepto en vuestra religión cristiana?
- Sí, pero no tan claro. Hablamos de un Dios popular de las masas y de un Dios místico de los santos, pero no tan definido como el *Saguna* (Concreto) y el *Nirguna* (Abstracto) en vuestro sánscrito y en vuestro hinduismo.
- Pues es muy necesario.
- Y muy práctico, ya lo sé.
- Mira, yo tuve esos fervores de joven que me llevaron a dejar familia y empleo, irme de peregrino al Himalaya, entrar en la vida religiosa, e incluso a fundar mi propio monasterio como bien sabes. Todo eso es magnífico y es la actividad que corresponde al Dios Concreto. Pero el entusiasmo contagioso no dura para siempre, y ahora me agarro al Dios 'al que uno no se puede agarrar', al Dios Abstracto, que es lo más tranquilo y duradero.
- ¿Pero qué les dices a los demás, al hindú normal y corrien-

te de la India? ¿Que siga al Dios Abstracto o al Dios Concreto?

— A cada uno hay que hablarle en su lengua; quiero decir, según su capacidad y su situación. Para eso viene bien haber pasado por todos los estados del espíritu, para poder entenderlos a todos, y luego poder decirle a cada uno lo que le conviene según el nivel en que está aunque tú ya estés en otro nivel. Y no es que sea mejor ni peor, es la vida. No sabes lo bien que viene esto del Dios Abstracto y el Dios Concreto.

— Y que lo digas. A mí me llegan todos los días quejas de buenos cristianos que no entienden por qué Dios ha hecho o permitido esto o ha dejado de hacer lo otro cuando a ellos les parece que debería haber hecho lo contrario, y es imposible contestarles. En el plan Concreto no hay respuesta para eso. En cambio el plan Abstracto lo explica todo porque no hay que explicar nada.

— Y más. Te cuento que al principio de mi vida religiosa me leí de un tirón el *Bhágavata Purana*, que es la más devota de nuestras escrituras sagradas. ¿Lo conoces?

— Hice mi tesina en el seminario sobre él. Me encantó.

— A mí también. No sabes lo que es leer de joven en sánscrito en la India en lectura seguida todo ese texto maravilloso. Bueno pues ahora lo sigo leyendo y explicando a la gente… pero yo ya no siento lo de antes.

— Me haces reír. Lo mismo me pasó a mí con el libro más inspirado de nuestra Biblia, el evangelio de san Juan. Me volvió loco cuando lo leí seguido por primera vez de joven; y ahora sigo leyéndolo pero el sentimiento no vuelve.

— Ni tiene por qué volver. El Dios Abstracto.

— ¿No lo llamáis a Dios también en sánscrito el *Neti-Neti*, No-es-esto, No-es-esto?

— Veo que te va bien el sánscrito.

- Alguien ha dicho que los místicos cristianos son maravillosos pero no pueden llegar tan alto como los místicos hindúes porque no saben sánscrito.
- ¿Quién ha dicho eso?
- Un monje benedictino francés, el padre Henry le Saux, que vive en el sur de la India donde también él ha fundado un monasterio, y por lo visto sabe sánscrito. ¿Qué te parece?
- Que debe de ser un buen místico porque tiene sentido del humor.

Nos reímos, charlamos, aprendimos, nos apreciamos mutuamente al ver el mismo interés religioso expresado en dos tradiciones distintas y vividas alegremente una en él y otra en mí. Pero, como suele suceder en la vida, la semilla de esta conversación no floreció en mí hasta mucho después. El correspondiente punto de inflexión en mi vida llegó, inesperadamente para mí mismo, un día en el que de repente caí en la cuenta de que el Dios Abstracto de Swami Sacchidánandyi no era ni más ni menos que el 'déjala marchar' de Tony de Mello ante mi afición por la biblia en vías de desaparición. Tony no sabía lo del *saguna-nirguna,* pues no había profundizado mucho en el hinduismo, pero sí entendía perfectamente la vida espiritual y sus etapas, y me estaba diciendo a su manera que del Dios Concreto de mi devoción sensible y mi fervor ardiente me tocaba ir pasando al Dios Abstracto de la fe y el misterio, de la oscuridad y la perseverancia, del 'no-es-esto, no-es-esto' sin apoyos sensibles de devoción concreta. En el fondo estamos diciendo todos lo mismo, y es doctrina tan profunda como práctica.

De hecho esa doctrina está en la biblia, tanto en san Pedro como en san Pablo. Pablo les escribe a los colosenses:

'Yo, hermanos, no pude hablaros como a espirituales, sino como a carnales, como a niños en Cristo. Os di a beber leche y no alimento sólido, pues todavía no lo podíais soportar. Ni aun lo soportáis al presente, pues todavía sois carnales.'

(1 Corintios 3:3)

Y Pedro a toda la Iglesia:

'Como niños recién nacidos, desead la leche espiritual pura, a fin de que, por ella, crezcáis para la salvación.'

(1 Pedro 2:2)

Al principio somos como niños y necesitamos la leche de la devoción y de los consuelos sensibles para animarnos; pero luego según vamos creciendo podemos y debemos pasar al alimento sólido que corresponde a personas verdaderamente 'espirituales'. Ese paso de la leche al alimento sólido es el paso del beber al masticar, del fervor inicial a la estabilidad madura, de los principios a los medios, del Dios Concreto al Dios Abstracto, del *Saguna Brahman* al *Nirguna Brahman*. Llámese como se llame, es ley de vida y norma del avance en el espíritu. Paradójicamente, cuanto más se avanza en la oración, más se deja de depender de fervores en ella. Bueno es saberlo.

El caso de la célebre Santa Teresa de la India es extremo pero no atípico. Llena de fervor entusiasta en su juventud fundó una congregación religiosa para servicio de los pobres y de la Iglesia en Calcuta y en el mundo entero, y llenó la conciencia mundial con el testimonio ferviente de su amor a Cristo y su ejemplo de servicio personal a los más necesitados. Pero en su propia vida privada de oración y sacramentos pronto pasó de esos fervores sensibles a la sequedad espiritual más absoluta, a sentirse 'un bloque de hielo' como ella misma decía y repitió hasta el fin de su vida en sus cartas publicadas póstumamente. 'Ausencia de Dios.' 'Terrible vacío.' 'No tengo fe.' Eso les pasa a los mejores santos. La pena es que no lo confiesen en vida. San Juan de la Cruz lo hizo en verso (La Noche Oscura), y la Madre Teresa en cartas que se publicaron después de su muerte. Sin llegar a los extremos de los santos, tanto en devoción como en sequedad, a todos nos pasa de todo y hay que aceptarlo todo. No somos mejores cuando sentimos devoción, ni peores cuando sentimos sequedad. Cada etapa es lo que es y tiene valor en sí misma con sus ventajas y sus desventajas.

La ventaja del Dios Abstracto es que nos libera de la obligación y la expectativa de tener que dar soluciones a todos los problemas de la vida. Que no es poco. El buen pueblo cristiano sabe que el sacerdote ha estudiado largos cursos de filosofía y teología y sagrada escritura y derecho canónico, ha pasado exámenes y ha obtenido títulos (en inglés lo llaman nada menos que *Doctor in Divinity*, Doctor en Divinidad, como si fuera Doctor en Física y Química), y espera en consecuencia que le pueda dar razón de todo lo que sucede en el mundo y explicar cómo concuerda eso con un Dios que es Padre de todos, que lo puede todo y nos quiere a todos y quiere que seamos felices como hijos e hijas suyas en este planeta que ha creado especialmente para nosotros, y que no parece estar respondiendo a las expectativas que todo eso despierta. Y le pide al sacerdote explicaciones, le pide cuentas, le acosa con preguntas, le echa la culpa de sus sufrimientos como representante y delegado de Dios mismo en el mundo. Y se queja amargamente ante él. Explíqueme usted, padre. ¿Cómo puede Dios permitir esto?

Y siguen urgiendo. Jesús mismo nos dijo, 'Pedid y recibiréis'. Pero pedimos y no recibimos. 'Cada cama blanca en un hospital y cada tumba joven en un cementerio es un monumento a una oración no escuchada.' (William Barclay) Es verdad que nosotros somos imperfectos y no rezamos bien, y nuestra oración debe ser hecha con fe, humildad, confianza, y perseverancia para que Dios la oiga, como enseña debidamente san Agustín. Pero esas cuatro condiciones las puso san Agustín, no Jesús, que no puso condición alguna. 'Pedid y recibiréis.' Y seguimos pidiendo y seguimos sufriendo las calamidades de la vida sin remedio. ¿Por qué muere una madre con hijos pequeños, por qué muere un padre de familia joven, por qué muere un bebé, una novia, un muchacho? ¿Por qué murió mi padre cuando yo sólo tenía diez años? (y perdón por ese recuerdo mío personal). ¿Por qué prosperan los malos y sufren los buenos? ¿Por qué hay inundaciones y tsunamis y volcanes y terremotos con miles y miles de muertos y desplazados y arruinados y accidentados, pobres casi siempre? ¿Por qué está este planeta tan mal hecho con su exceso de calor por un lado y de frío por otro cuando podía ser un poco más habitable si es que se hizo a medida para el hombre y la mujer por un Dios omnipotente y amante? ¿Por qué tantos sufrimos tanto y no sabemos por qué? ¿Por qué me pasa a mí esto ahora?

Detrás de cada ¿por qué? hay una persona, un dolor humano, una vida rota. Por eso hay que tratar siempre al dolor con delicadeza, con cariño, con respeto. Pero hay que tratarlo. Y la gente piadosa le pide explicaciones al representante de Dios, al profesional de la religión, al Doctor en Divinidad, al sacerdote con correo electrónico en Internet de fácil acceso y de contacto inmediato bajo el peso repentino del dolor personal. ¿Por qué me pasa a mí esto? En la etiqueta de Internet las mayúsculas se interpretan como un grito, y yo recibo cantidad de mayúsculas en mis correos electrónicos 'parroquiales'. ¿POR QUÉ PERMI-TE DIOS ESTO? ¿POR QUÉ NO ESCUCHA MIS ORA-

CIONES? ¿POR QUÉ ME HA FALLADO UNA VEZ MÁS? ¿POR QUÉ PROMETE Y NO CUMPLE? ¿POR QUÉ, POR QUÉ, POR QUÉ? A veces toda la carta escrita en mayúsculas. Toda la pantalla gritando. Milton escribió El Paraíso Perdido *«to justify the ways of God to men»* (para justificar ante los hombres los caminos de Dios). Había que justificar a Dios, aunque para ello hiciera falta un poema entero como el de Milton.

Con el nuevo enfoque sobre la divinidad no se trata ya de qué explicaciones hay que dar, sino de que no hay que dar explicaciones. Respetar el misterio. Aceptar la nube. Dejar a Dios ser Dios (que es el título de un libro mío). Repito que siempre con delicadeza y con cariño y sin ninguna presunción ni paternalismo, pero sí con claridad y con firmeza. Para empezar, me da tranquilidad a mí mismo el pensar que ya no tengo que justificar a Dios, explicar las injusticias de la vida, arreglar el mundo, y sentirme responsable por las calamidades de la naturaleza y las locuras del género humano. Fuera los complejos de culpa y el libro de reclamaciones del establecimiento que debería haber en cada parroquia (y no precisamente contra el párroco) a disposición del consumidor. Yo no soy el Defensor del Pueblo.

Y luego, sin meter el rollo del *saguna* y *nirguna,* que reservo exclusivamente para momentos aburridos de conversación, sí voy indicando suavemente que debemos ir saliendo de un concepto demasiado antropomórfico de Dios, del que yo llamo el Dios de barrio, el Dios de bolsillo, el Dios de tú a tú, que a fuerza de una exagerada familiaridad ha perdido la trascendencia, la dignidad, la majestad del Dios de Abraham, Isaac, y Jacob, y nos ha llevado al descaro de pedirle cuentas por su creación y su providencia, y movernos en cambio hacia un concepto de Dios más puro, más noble, más divino. Hay que ir pasando del Dios Concreto al Dios Abstracto. Con suavidad. Y abiertos al cambio siempre. De hecho mi amigo Swami Sacchidánandyi me dijo al final de nuestra conversación que lo mejor era volver luego en edad avanzada del Dios Abstracto otra vez al Dios Concreto de los comienzos. Y me guiñó el ojo.

Hablando de nubes, la nube de Zorrilla es, en forma más asequible a nuestra imaginación, la descripción poética del Dios familiar de la noche serena, el Dios Concreto, en contraste con el de la noche oscura de nublados llena, el Dios Abstracto, que en toda su oscuridad está más cercano a nosotros.

'¡Señor, yo te conozco! La noche azul, serena,
me dice desde lejos: «Tu Dios se esconde allí».
Pero la noche oscura, la de nublados llena
me dice más pujante: «Tu Dios se acerca a ti».'

BUDISTAS ANÓNIMOS

Otro monje hindú, Swami Sahayánanyi de la rama hinduista Swami Nárayan, hombre de gran santidad y popularidad, vino a verme en privado y me propuso nada menos que me convirtiera yo al hinduismo. Lo hizo con toda humildad y delicadeza. Conocía mis libros y sabía hacían mucho bien a la gente, pero argüía que harían mucho más bien si yo me convertía al hinduismo, ya que entonces estaría yo mucho más cerca de Dios pues el hinduismo propone positivamente y facilita para todos la experiencia de Dios, cosa que el cristianismo, al menos con tanta claridad, no hace. Al estar yo más unido a Dios, sería un mejor instrumento de su gracia, y mis libros harían más bien a los lectores. Lo decía de corazón.

Menos mal que yo había encontrado para entonces dentro del cristianismo la experiencia de Dios, como he contado aquí, y se lo dije con la misma humildad y sinceridad con que él hablaba, y quedamos tan amigos. Él hinduista y yo católico. Pero desde luego me hizo pensar. Se suponía que los misioneros cristianos íbamos a países de infieles para convertirlos a la verdadera fe, y aquí me encontraba yo con un monje hindú que consideraba su misión era convertirme a mí a su propia fe. ¿Quién era el misionero? ¿Quién 'evangelizaba' a quién? ¿Quién proclamaba la Buena Nueva? Más adelante me fui encontrando paralelos semejantes entre religiones, ya que cada una se considera a sí misma como la única verdadera.

En los años en que viví de casa en casa con familias hindúes, como he referido antes, pasé una semana con una familia jainista, y el cabeza de familia me observó con tanto respeto como detalle día y noche los días que viví con ellos. Al final me dijo: 'Le he observado a usted todos estos días, y su vida no desmerece de la de nuestros propios monjes jainistas. Pero tengo que decirle una cosa. Fuera del jainismo no hay salvación, así es que, lo siento, pero usted no puede lograr la «iluminación» en esta vida.' Le contesté que la frase me sonaba familiar. 'Fuera del jainismo no hay salvación.' Se me estaba bien empleado que me la dijeran a mí después de habérsela dicho yo a ellos. 'Fuera de la Iglesia no hay salvación.' Pero él tenía un consuelo para mí: 'No se preocupe. La vida que usted lleva en esta encarnación es tan buena que sin duda le hará merecer la gracia de nacer en una familia jainista en su próxima encarnación, y de allí podrá usted ir al cielo. Solo tendrá que esperar un poco más.' La reencarnación, por lo visto, tiene sus ventajas.

Otro día me invitaron a la 'despedida de soltera' de una muchacha también jainista. Era una despedida especial porque no iba a casarse sino a meterse monja. Las monjas jainistas llevan una vida de gran austeridad y pureza. Andan siempre peregrinando descalzas en grupos de cuatro o cinco de pueblo en pueblo sin pasar más de tres días en un sitio, sin monasterios ni casa en que habitar, hacen largas oraciones y aún más largos exámenes de conciencia cada día, se arrancan el propio pelo de la cabellera cada seis meses con sus propias manos mechón a mechón en rito que llaman *keshloch*, mendigan siempre lo poco que comen de puerta en puerta cuando no ayunan y solo cuando les dan verduras o arroz pero nunca carne ni pescado ni huevos... ni tomates ni berenjenas porque tienen semillas que tienen más vida, ni nada que nazca y crezca bajo tierra por la misma razón (¡patatas!), no pueden comer ni beber después de ponerse el sol, ni hasta 48 minutos después de que salga (o al menos se mostraría si no hubiera nubes), no pueden dejar jamás la vida religiosa una vez han entrado, y acompañan siempre a la superiora y le obedecen sin chistar, que nos imaginamos será la parte más difícil del paquete.

Y esta muchacha, discípula mía en la universidad, que había terminado brillantemente la carrera, había sentido la vocación, había pedido la entrada en la vida religiosa, había sido aceptada, y en pocos días comenzaría su vida de peregrina blanca por los caminos de la India. En la reunión no había refrescos ni canapés. Solo hubo discursos y bendiciones. Hablaron algunos monjes y monjas, habló alguien de su familia, hablé yo, y al final habló ella. Esto es lo que dijo al final: 'Me siento feliz de haber nacido en una familia jainista y de entrar ahora en la vida religiosa, y os pido a todos roguéis por mí para que sea fiel a mi vocación y persevere en ella hasta la muerte.' Le pusimos una guirnalda de flores blancas y todos nos saludamos a todos con las manos juntas. He aprendido a convivir con quienes practican otras religiones, y a apreciarlos y quererlos como hermanos. Todos somos hijos del mismo Dios.

Pocos días más tarde uno de mis compañeros jesuitas celebraba sus bodas de oro en la Compañía de Jesús, cincuenta años de vida religiosa que nos invitan a todos a unirnos en felicitación y acción de gracias por una gracia de Dios que todos apreciamos y atesoramos. Celebramos juntos una Eucaristía con asistencia de muchos jesuitas de la ciudad y alumnos de la universidad que conocían al padre y que presidió él mismo. En la homilía repasó su propia vida de jesuita, tuvo referencias simpáticas a compañeros presentes y ausentes, contó anécdotas de su experiencia, citó pasajes bíblicos relacionados, y acabó diciendo: 'Doy gracias a Dios por haber nacido en una familia cristiana y por haberme llamado a la vida religiosa, y os pido a todos roguéis por mí para que sea fiel a mi vocación y persevere en ella hasta la muerte.' Amén. También le pusimos una guirnalda de flores al homenajeado.

No estoy diciendo con esto que todas las religiones sean iguales. Solamente estoy enterándome de que en todas las religiones sus fieles parecen decir cosas parecidas. Yo lo fui aprendiendo en la India, y eso me ayudó a ser respetuoso y relacionarme de cerca con todos. Y doy gracias a Dios por ser cristiano.

Una vez que el Concilio Vaticano II abrió las puertas del cielo a todas las personas de buena fe y buena conducta (siempre con ciertas condiciones) quedaba claro que cada uno podía salvarse en su propia religión, los hindúes en el hinduismo, los budistas en el budismo, los musulmanes en el Islam. Eso quedaba claro, y de eso se trataba. Pero los teólogos no se dan por satisfechos con eso. Quieren saber y definir algo más. El budista se salva en el budismo. De acuerdo. Eso es lo que se ha conseguido. Pero ahora, ¿se salva *a través* del budismo? El budista se salva, pero ¿se salva *como* budista? ¿Se salva por Buda? ¿O se salva por Cristo? La Iglesia sigue manteniendo que se salva por Cristo. Cristo es el redentor de todos los hombres y mujeres, y todo el que se salva, se salva por Cristo, sea cristiano o sea budista. O ateo. Eso está en la escritura y en la tradición de la Iglesia. 'Porque no hay bajo el cielo otro nombre dado a los hombres por el que nosotros debamos salvarnos.' (Hechos 4:12)

También queda claro. Pero choca un poco. Hay que reconocerlo. El buen budista se salva por Cristo. Pero él no se ha enterado. Ya se enterará, claro, cuando llegue al cielo y se encuentre cara a cara con Cristo, y se lo explicarán allí. Pero casi parece trampa. Tiene toda la eternidad para reírse con eso, pero de entrada resulta un poco extraño. Aquí vienen otra vez los teólogos. Los grandes teólogos tienen grandes ideas, y nada menos que Karl Rahner, el jesuita alemán considerado como el mayor teólogo católico del siglo XX, tuvo una idea original y la expresó en un nuevo término. Acuñó el nombre de 'cristianos anónimos' y se lo aplicó al buen budista de quien hablo aquí, a hinduistas, musulmanes, jainistas o aun ateos de buena voluntad. El nombre exacto sería 'inconscientes', pero como lo de 'cristianos inconscientes' sonaría mal, escogió lo de 'cristianos anónimos', y la expresión hizo fortuna. Es decir, el buen budista se salva por Cristo, de hecho es cristiano, pero él no es consciente de ello y por eso queda como 'cristiano anónimo'. Es cristiano pero él no lo sabe. El prestigio de Rahner y su frase feliz sellaron la discusión. La expresión se hizo universal. Todo el mundo en círculos teológicos la repetía con alivio y admiración. Cristianos anónimos. Digna de Rahner. Cuestión zanjada. Todos contentos.

Por aquel entonces (no recuerdo el año exacto) se celebró un Congreso Eucarístico Mundial en Bombay con asistencia del papa Pablo VI. Parte del congreso fue una reunión de teólogos de todo el mundo para tratar del tema de la Eucaristía. Karl Rahner no asistió a ese congreso, pero el teólogo suizo Hans Küng, amigo, colega, y rival de Rahner, sí asistió. Yo era entonces un cura joven y me pusieron de secretario de Hans Küng los días que él estuvo en Bombay para facilitarle movimientos, horarios, papeles, citas, y acompañarle a donde tuviera que ir. Lo hice alegremente y me beneficié de su presencia. Todos recordamos la santa misa que el papa ofició en 'El Óvalo', el famoso campo de cricket *eyelashed with palm trees* ('rodeado de palmeras como el ojo de pestañas', como lo describió magistralmente el escritor bombayense Dom Moraes) que se llenó de cristianos e hindúes mientras Pablo VI cantaba en latín el prefacio más desafinado que he oído en mi vida. Menos mal que por ahí no sabían canto gregoriano y les debió parecer que así era como había que cantarlo.

La compañía de Hans Küng me proporcionó a mí un sabroso contacto teológico y alguna que otra anécdota divertida. Me contó que un día, al hacerse célebre la frase de Rahner 'cristianos anónimos', él (Hans Küng) se había acercado sigilosamente a Rahner y le había dicho al oído con tono de conspiración: 'Me he enterado de que los budistas andan algo preocupados contigo. Sí, están teniendo un congreso de teólogos budistas aquí en Alemania, con asistentes de oriente y occidente, y estaban tratando el tema de que fuera del budismo no hay salvación. Uno de ellos se levantó en el congreso y dijo, «¿Cómo podemos decir que una persona tan digna y respetada en círculos teológicos aquí en Alemania como el jesuita padre Karl Rahner no puede salvarse? Eso no puede ser, y no se admitiría entre los cristianos. Hay que encontrar una solución.» Entonces otro teólogo budista se levantó en su congreso y dijo: «Claro que el padre Rahner se salvará. Él no lo sabe, pero él es un 'budista anónimo', con lo cual puede alcanzar el Nirvana como cualquiera de nosotros. Es budista aunque él no lo sepa. Ya se enterará en la otra vida.» Y todos estuvieron de acuerdo.' Hans Küng me contó que la broma no le gustó al teólogo alemán, pero tomó nota y nunca más volvió a pronunciar la frase 'cristianos anónimos'.

Si esa anécdota era de hace bastantes años, la que ahora sigue es bien reciente. De hace pocos días. Me acompaña el mismo tema. En una charla entre compañeros jesuitas alguien mencionó y criticó el hecho de que los musulmanes no llaman 'conversos' a quienes se convierte al Islam, sino 'reversos'. Cuando un cristiano, por ejemplo, se hace musulmán, no se convierte al Islam sino que revierte a él, ya que todos los hombres y mujeres, según ellos, somos en principio y origen musulmanes, y quien se convierte al Islam vuelve al hogar que fue suyo desde el principio, es decir, revierte, aunque él no lo sepa. Yo entonces mencioné que nosotros los cristianos también tenemos un concepto similar. Nos gusta citar la frase de Tertuliano *anima naturaliter christiana*, es decir, 'el alma es cristiana por naturaleza', para indicar que las creencias y las prácticas cristianas son tan razonables, tan saludables, tan acomodadas a la naturaleza humana que el cristianismo encaja en ellas con toda suavidad, y casi le basta a una persona de buena voluntad entrar en conocimiento de Jesús y del evangelio para abrazarlo espontáneamente. El cristianismo es el hogar espiritual de todo hombre y mujer y a él vuelven como por instinto cuando lo descubren. Revierten. El alma es cristiana por naturaleza. Eso hemos venido diciendo los cristianos desde Tertuliano, y eso nos enteramos ahora que también lo dicen a su manera los musulmanes. El alma es musulmana por naturaleza.

Hasta ahí todo había sido una conversación culta, educada, informal, ecuménica. Pero en aquel momento cambió de tono. Alguien que no había hablado hasta entonces pero había escuchado todo con atención, se apresuró a intervenir y dijo casi agresivamente: 'Sí, es verdad. Pero hay que aclararlo. Nosotros decimos que el alma es por naturaleza cristiana, y los musulmanes dicen que el alma es por naturaleza musulmana. Parecen dos expresiones similares. Pero hay una diferencia fundamental entre las dos: en nuestro caso es verdadera, y en su caso es falsa.' La conversación cambió de tema.

Nadie estaba diciendo en aquel momento que el Islam fuera lo mismo que el cristianismo, y estoy seguro de que ninguno de los presentes pensaba en semejante cosa. Se estaba solamente diciendo que los musulmanes dicen que el alma es musulmana por naturaleza, y es normal que lo digan ya que es su religión y la conocen bien y la aprecian y la practican y entienden que sus preceptos y sus costumbres encajan con la naturaleza humana y hacen como connatural su aceptación. Ellos lo ven así. Y nosotros constatamos que esa es su convicción. No nos hemos convertido por eso al Islam. Perdón, revertido. Y nosotros seguimos citando a Tertuliano.

Todos hemos oído o incluso dicho alguna vez en tono reflexivo y meditativo que si nosotros hubiésemos nacido en la India en una familia hindú seríamos ahora hindúes y estaríamos dándole gracias a Dios por ser hindúes, y si hubiésemos nacido en Arabia en una familia musulmana seríamos ahora musulmanes y estaríamos dándole gracias a Dios por ser musulmanes, y eso es una verdad sencilla y atrevida al mismo tiempo. En mi caso lo es un poco más porque para mí hindúes y musulmanes no han sido referencias lejanas y abstractas de pura hipótesis sino amigos cercanos y queridos a lo largo de muchos años y muchas conversaciones y muchas peripecias vividas y muchos sueños compartidos. Yo no me cambio por nadie, pero al menos entiendo y aprecio a mis amigos que tampoco quieren cambiarse por mí. Ni tampoco creo que Dios me quiera más a mí que a ellos por haberme hecho a mí católico y a ellos hindúes o musulmanes — o ateos, por raro que parezca el decir que Dios le ha 'hecho' a alguien ateo. ¿Veis los problemas en que nos mete el Dios Concreto? Habrá que volver un poco al Dios Abstracto que está por encima de todo eso.

A MÍ ME LO HICISTEIS

Así como el nombre de Loyola está impreso en mi vida, como he dejado constancia, así el de Javier también me marcó desde mi juventud. Los alumnos del Colegio de San Francisco Javier de Tudela en Navarra hicimos una peregrinación al santuario y cuna de nuestro santo protector, al castillo de Javier. Se nos presentó como una excursión, pero en el fondo no era tan inocente. El padre espiritual se había sentado justo detrás de mí en el autobús, con alguna intención sin duda, y al aparecer al final del viaje la silueta del castillo en el horizonte, se me acercó sigilosamente por detrás, me habló al oído, y con acentos roncos de profeta bíblico me dijo estas palabras que llevo clavadas con exactitud imborrable en la memoria: 'En Javier oye la voz del Señor imperiosa que te llama.' Ya sabía yo que no era un ángel quien me había hablado. Era la voz del padre espiritual aunque un poco ahuecada para la ocasión con acentos de ultratumba. Pero reflejaba y recogía con autoridad en el momento oportuno y en el lugar oportuno todo lo que se andaba fraguando dentro de mí. Ser jesuita como Javier. Ya lo llevaba yo dentro, pero en aquel momento quedó fraguada mi vocación a la Compañía de Jesús. La excursión a Javier había dado su fruto. Al menos para mí.

Cuando me destinaron luego a la India volví a Javier a recibir el crucifijo de misionero con otros veinte compañeros en el santuario del apóstol de la India. El crucifijo se nos daba primero en la mano y se nos colgaba después al cuello como en las imágenes de Javier. La ceremonia era sencilla pero estaba cargada de sentido y de historia por el nombre y el lugar, el castillo con la torre del homenaje, la basílica litúrgica, la capilla antigua del castillo con la célebre imagen de tamaño natural del Cristo Sonriente que templa el sufrimiento de la cruz con la sonrisa del resucitado. En esa capilla decidí pasar yo la última noche velando mis armas como Ignacio en Montserrat. Vigilia militar. Yo había leído y meditado las cartas de san Francisco Javier desde la India, que en su tiempo conmocionaron la Sorbona y llevaron a Europa los nombres de Malabar y Molucas, y pensé pasar la noche con ellas y Javier y el Cristo Sonriente como despedida de España. Bello propósito. Pero al cabo de unas horas en soledad contemplativa me entró el sueño y me fui a mi cuarto. El colchón era más cómodo para dormir que el reclinatorio. Nadie se enteró de mi hazaña.

A la India llegué con la oración de Javier en los labios. La oración que él mismo había compuesto en Goa y recitaba a diario. También yo comencé a rezarla todos los días, y aun hoy me la sé de memoria. Aunque ya no la rezo por razones que se verán. Estoy contando la evolución de mi motivación misionera ('cambio, luego existo'), y esta fue su primera etapa. Con toda su ingenuidad y con toda su fuerza. Esta es la oración de san Francisco Javier que yo hice mía y recé fielmente durante años:

'Eterno Dios, Criador (Creador) de todas las cosas: acordaos que Vos criasteis (creasteis) las almas de los infieles haciéndolas a vuestra imagen y semejanza.

Mirad, Señor, como en oprobio vuestro se llenan de ellas los infiernos.

Acordaos, Padre celestial, de vuestro Hijo Jesucristo, que derramando tan liberalmente su sangre, padeció por ellas.

No permitáis que sea vuestro Hijo por más tiempo menospreciado de los infieles, antes aplacado con los ruegos y oraciones de vuestros escogidos los Santos y de la Iglesia, Esposa benditísima de vuestro mismo Hijo, acordaos de vuestra misericordia, y olvidando su idolatría e infidelidad, haced que ellos conozcan también al que enviasteis, Jesucristo, Hijo vuestro, que es salud, vida y resurrección nuestra, por el cual somos libres y nos salvamos; a quien sea dada la gloria por infinitos siglos de los siglos.

Amén.'

Algunas expresiones son muy duras. El 'oprobio de Dios'. 'Vuestro Hijo menospreciado de los infieles'. 'Idolatría e infidelidad'. Y sobre todo, 'se llenan de ellas los infiernos'. Era la teología de la época en todo su rigor. Fuera de la Iglesia no hay salvación. En una de sus cartas Javier narra ingenuamente refiriéndose a sus nuevos cristianos en el Japón donde tanto se honra a los antepasados: 'Háceseles muy duro cuando les predico que todos sus antepasados están en el infierno.' No es extraño que se les hiciera un poquito duro. Javier es hijo de su tiempo y no hace más que poner en la práctica lo que aprendió en las aulas de la Sorbona. Era la gran motivación misionera. Si toda esta buena gente no podía ir al cielo sin el bautismo, el mejor favor que se les podíamos hacer y que justificaba casi cualquier conducta era bautizarlos fuera como fuera. En la otra vida nos lo agradecerían. Pura lógica. Y base práctica para todo el esfuerzo misionero de católicos y protestantes durante siglos de conquista en las colonias de las grandes potencias europeas. Ese esfuerzo misionero es toda una epopeya de consagración, sacrificio, servicio, entusiasmo religioso y organización eficiente en la historia de la Iglesia que resultó en la implantación del cristianismo en todo el mundo. Eso nos ayuda a entender el pasado. Aunque también sé de monjas que bautizaban en secreto en sus hospitales y sin que ellos mismos lo advirtieran a hindúes y musulmanes cercanos a la muerte para asegurar su salvación eterna. Celo exagerado.

Para mí la motivación javeriana duró mientras duró la doctrina 'Fuera de la Iglesia no hay salvación'. En la práctica, hasta que se promulgaron los decretos del Concilio Vaticano II que cambiaron la situación:

'Los que inculpablemente desconocen el Evangelio de Cristo y su Iglesia, y buscan con sinceridad a Dios, y se esfuerzan bajo el influjo de la gracia en cumplir con las obras de su voluntad, conocida por el dictamen de la conciencia, pueden conseguir la salvación eterna.'
(Lumen Gentium, 16)

Un poco corta se queda la expresión, ya que parece aplicarse solo a quienes desconocen el Evangelio, con lo que quienes sí lo conocen y conocieron, como Gandhi o el Dalai Lama, y sin embargo no lo aceptaron como discípulos, quedarían excluidos si la declaración se tomara literalmente; pero desde el principio se interpretó más generosamente como sencillamente el fin de la anterior doctrina 'fuera de la Iglesia no hay salvación'. Tanto es así que su proclamación creó problemas entre algunos celosos misioneros. En el pasado la motivación para el esfuerzo, el sacrificio, el dejar el propio país, aprender lenguas nuevas, desafiar climas, provocar malentendidos, enfrentar hostilidades, abrazar soledades, dedicar vidas enteras a procurar conversiones en tierras lejanas quedaba plenamente justificado por la consideración suprema de la necesidad del bautismo para la salvación, y si ahora esta necesidad ya no existía, todo el esfuerzo misionero personal y eclesial no tenía sentido ni proporción. 'Si se pueden ir al cielo sin nosotros, ¿para qué ha hecho falta que vengamos aquí?' le oí decir a un fervoroso y sacrificado misionero. Y sé de algunos párrocos en tierras de misión que retrasaron y prácticamente impidieron que los decretos del Concilio llegasen a manos de sus fieles conversos por miedo a que cuestionasen la urgencia y la insistencia de la predicación cristiana que los había guiado y dirigido a la Iglesia. '¿No podíamos habernos quedado tranquilos en nuestra religión si de todos modos podíamos ir al cielo con ella?'

Era el fin de una motivación que había regido una época. Los que estábamos ya sobre el terreno sabíamos que habíamos de continuar con nuestra misión y pronto encontramos otro punto de vista. La segunda motivación para la evangelización. El testimonio. Yo no juzgo ni condeno ni prefiero ni trato de convencer a nadie, pero sí siento en mí la bendición que Jesús ha traído a mi vida, la alegría de su presencia, la fuerza de sus sacramentos, la fe de la resurrección, y es para mí un impulso personal y casi una obligación social el compartir lo que se me ha dado, dar testimonio de mi experiencia, comunicar mi gozo. He encontrado un tesoro y quiero compartirlo. Es lo menos que puedo hacer. 'No podemos menos de contarlo' como se justificaron los apóstoles ante el Sumo Sacerdote (Hechos 4:20). 'Ha hablado el Señor, ¿quién no va a profetizar?' (Amós 3:8)

Yo tuve una buena ocasión en aquel momento cuando los editores de la colección *Parichay Pustiká* de pequeños libros de divulgación de diversos temas me pidieron escribiera un librito breve sobre el cristianismo para su edición. Sería el número 652 de la serie, lo que da idea de la amplitud del proyecto y lo tarde que llegábamos los cristianos a él, pero el día llegó y entramos en la popular serie. Escribí a vuela pluma con el corazón en la mano. Fue el año 1986, y el librito vio varias ediciones. Testimonio personal. Así formé parte del movimiento que se sentía en todo el campo de misiones para fundar en el testimonio personal la actividad evangélica que hasta entonces se había fundado en la necesidad del bautismo. La segunda motivación del misionero. Fue un bello florecer del ideal antiguo, un renovar la llama con nuevo ardor, un vivir de manera más apropiada, personal, y auténtica el principio evangélico que habíamos vivido siempre. La motivación misionera seguía adelante. Testimonio directo de Cristo Jesús. Más aceptable, más auténtico, más personal. Punto de inflexión suave y decidido hacia arriba.

Aunque ahí encontré yo pronto también una pequeña dificultad. De hecho ya he mencionado la ocasión, y alguien habrá caído en la cuenta. Me refiero a mi encuentro con Swami Sahayánandyi, el monje que me propuso convertirme al hinduismo. Aquí también hubo testimonio, pero un poco al revés. Antes de que yo le pudiera dar a él el testimonio de lo que Cristo era para mí, él me había dado a mí su testimonio de lo que Krishna era para él. Y había sido bien sincero, personal, y lleno de sentido y de sentimiento. Otra vez el paralelismo inevitable. Él me daba a mí su testimonio y yo le di después a él el mío. Tablas. Esto no invalida el valor del testimonio religioso, pero al extenderlo a todos puede crear alguna confusión a algunos. ¿No habría en el evangelio cristiano una motivación específica y exclusiva, que respete las de los demás pero que al mismo tiempo se distinga por su originalidad, su profundidad, su universalidad?

Sí que la hay, y esta va a ser la tercera motivación misionera tal como yo la he descubierto y vivido. Digo descubierto porque es un concepto tan familiar y repetido en el cristianismo que nos parece normal y corriente, cuando en realidad no lo es, y el caer en la cuenta de él es como encontrar algo nuevo. Es el concepto de la caridad cristiana y el servicio a los más pobres en nombre de Cristo. A mí me ayudaron a descubrirlo mis lecturas de autores indios en lenguas indias. Voy a dar sin más tres citas de autores poco conocidos en lengua española, dos de lengua guyaratí y uno del hindi, todos ellos hinduistas de religión y prestigiosos pensadores y escritores del siglo pasado en la India, que nos van a revelar enseguida por sí mismos el filón de oro que los cristianos tenemos en el evangelio sin quizá haberlo apreciado debidamente entre nosotros. Es lo que mejor nos identifica, nos dignifica, nos justifica. Y no se da, al menos con tanta fuerza y definición y centralidad, en ninguna otra de las religiones del mundo.

'Otro rasgo importante de la personalidad de Jesús es su doctrina de servir al prójimo. El servicio a los pobres, los humildes, los afligidos, los abandonados es servicio hecho a Dios, es culto dado a Dios. Ese claro mensaje de la predicación de Jesús no aparece, al menos con tal claridad e insistencia, en ninguna otra religión.'

(Maganbhai Yethalal Patel, *Dharma Vichar*, p. 57)

'En la religión hindú, musulmana, parsi o las demás, no falta entrega a Dios, fe, devoción, penitencia, ascética, compasión o las demás virtudes. En todas ellas se encuentran los tres caminos llamados «el conocimiento» *(gnanayoga)*, «la devoción» *(bhaktiyoga)*, y «la acción» *(karmayoga)*, así como la oración, la meditación, las plegarias, los ritos, la vida religiosa consagrada, y otras prácticas. El fin de todas ellas es el llegar a Dios a través de la perfección en el esfuerzo. Tampoco falta en ellas la práctica de la limosna, tanto en público como en privado. Pero el servicio personal y directo de los pobres, los afligidos, los perseguidos, los marginados, orientándolos hacia Dios, esa doctrina de

Dios-prójimo-servicio, no puede decirse que haya sido desarrollada por la religión hindú, musulmana o las demás. No es ninguna ofensa el decir que no han adoptado esa actitud. No es en manera alguna injusto decir que sencillamente no han prestado atención a ello. Hay que reconocer que esa es la característica del cristianismo.'

(Kishorlal Ghanshyamlal Mashruwala, *Isu Khrist*, p.73)

'No hay nadie que haya proclamado mejor que Jesús el Mesías con sus palabras y con sus obras que el servicio a los afligidos es equivalente a la adoración de Dios. Antes que él, el mismo Buda nos había dado a los pueblos de la India una inspiración muy profunda: la virtud budista de la compasión, en la que incluía a todos los seres vivos además del hombre. Este ideal es sin duda muy sagrado y profundo. Pero la proposición de lo que hoy llamamos servicio de la humanidad de manera especial y universal pertenece a Jesús el Mesías.'

(Vinoba Bhave, *Yivan-Sahitya*, Octubre 1962, p. 32)

Es bueno oírlo de labios ajenos. Quizá nosotros no habíamos caído en la cuenta. Y es nuestro rasgo más característico ante el mundo. Amor, servicio, caridad. La esencia del cristianismo, en dogma y moral, teoría y práctica, fe y conducta, son las palabras de Jesús nada menos que en el Juicio Final, consumación y resumen de todo el Evangelio y toda la Biblia y toda la historia humana sobre la tierra:

'En verdad os digo que cuanto hicisteis a uno de estos hermanos míos más pequeños, a mí me lo hicisteis.'

(Mateo 25:10)

'A mí me lo hicisteis.' Ahí está todo el cristianismo. Y solo el cristianismo. Estamos tan acostumbrados a la escena del Juicio Final, a oír y repetir las palabras del diálogo supremo que señala el fin de la historia que se nos escapa su importancia.

- Venid, benditos de mi Padre, porque tuve hambre y me disteis de comer…
- ¿Cuándo te vimos hambriento y te dimos de comer…?
- Cuando lo hicisteis a cualquiera de éstos, a mí me lo hicisteis.

Ahí está todo. Por eso se nos juzgará. Esa es la evaluación de nuestra conducta, la norma de vida del discípulo de Cristo. «A mí me lo hicisteis.» De ahí ha venido toda la tradición cristiana, el amor al prójimo, las obras de caridad, la limosna y el asilo, la ayuda y el servicio, el cuidado de los más pobres, de los ancianos y de los niños, de todo el que lo necesita. La vocación cristiana del amor y el servicio en nombre de Cristo.

De ahí todas esas mujeres maravillosas que se consagran a Jesús y al servicio de los pobres en él por las regiones más lejanas de la tierra en hospitales y asilos, en leproserías y orfanatos, en selvas y desiertos, con velos de vírgenes y manos de ángeles para cuidar enfermos, vendar heridas, acoger indigentes, escuchar penas, distribuir medicinas, enderezar cuerpos, consolar almas, cuidarse de la humanidad entera en toda la dureza de su sufrimiento y toda la esperanza de que alguien se acerque a quien sufre, lo mire, lo acoja, lo cuide, lo ame. Lo hacen nuestras monjas en nombre de Cristo. Son lo mejor que tenemos. Embajadoras de caridad, enfermeras de la humanidad, refugio de quien no lo tiene, y cariño a quien nadie lo ha amado.

Aquella monja que vi en un pueblecito perdido de la India acunando en sus brazos a un minúsculo bebé abandonado que le agarraba la punta del velo con su manita mientras la miraba con sus grandes ojos abiertos. Aquella otra que guiaba las sacudidas de un carro de bueyes cantando a voz en cuello cantos en español (no todos piadosos) entre muchachas que sabían solo guyaratí a quienes llevaba al centro de misión donde iban a aprender oficios y hacerse mujeres, y que coreaban sus cantos, hasta en español, y hasta los menos piadosos también sin preocuparse por su significado. Y aquella otra que cubría respetuosa con un largo velo blanco el cuerpo anónimo de una víctima de la soledad y la edad abandonada a sí misma, cerrando con el gesto noble de la hermandad humana una vida que poco probablemente habría conocido de ella. La vida consagrada, la Hermana religiosa, la monja humilde, la embajadora cristiana del amor y el servicio en cualquier parte del mundo en cualquier momento de la historia. Son lo mejor que tenemos.

Y son, respetuosa y delicadamente, una exclusiva mundial. He dicho que hay monjas jainistas, y son ejemplares en austeridad, contemplación, y pureza, pero no en la caridad y servicio de otros que no es parte de su espiritualidad. Y lo mismo ocurre con monjas budistas e hinduistas. El servicio a la comunidad no es su carisma. Como no lo es de las masas devotas de esas religiones. En el cristianismo todos conocemos nuestra vocación de amor al prójimo, y todos colaboramos a nuestra manera en la ayuda a los demás, que nuestras religiosas y religiosos llevan a cabo de manera más sistemática y consagrada con el apoyo moral y oracional y económico de todos nosotros.

También hay organizaciones laicas de todo tipo para la ayuda de los demás, y todas son bienvenidas. En el fondo todas ellas vienen de la actitud cristiana de amor y servicio al prójimo de una manera más o menos explícita. La idea del trabajo social, en toda la dimensión que está adquiriendo en nuestros días, es fundamentalmente y originalmente cristiana. En la India gustábamos de referir la anécdota del oficial del gobierno encargado del trabajo social y las ayudas a la comunidad en Bengala que le preguntó a la Madre Teresa, '¿Por qué ustedes trabajan con tanta consagración y dedicación y aceptación en el servicio de los demás, mientras que nosotros, que desde el gobierno tenemos más recursos y más medios que ustedes, y que en el fondo queremos hacer lo mismo que ustedes en ayudar y servir a todos, no llegamos ni de lejos a esa eficiencia y esa cercanía y esa aceptación que ustedes tienen?' La respuesta de la Madre Teresa al oficial del gobierno se hizo célebre: 'Porque   ustedes trabajan por algo, mientras que nosotros trabajamos por Alguien.' A mí me lo hicisteis. Esa es la diferencia. Ese es el secreto.

El servicio a todos en nombre del Padre de todos es una idea original. Es puramente cristiana. Sin rebajar a nadie. Más todavía, otras culturas y religiones no solo no favorecen el servicio a los demás sino que algunas y en alguna manera lo obstaculizan. Con todo el respeto a la doctrina y la práctica de esas religiones, nos toca también decirlo. Me refiero ante todo a la idea del *karma,* unida como está a la idea de la reencarnación que los hindúes dan siempre por supuesta. Según esa doctrina, extendida por todo el oriente, y ahora ingénuamente popularizada en occidente, mi suerte en mi actual encarnación está determinada por mis acciones en la anterior, de modo que cada cosa que me sale bien en esta vida es el premio de mi buena conducta en la anterior, y cada contratiempo o calamidad ahora es castigo por mis desmanes o descuidos en mi anterior nacimiento. Toda acción inmoral en mi vida pasada conlleva automáticamente su penitencia que he de cumplir en esta vida.

Y aquí viene la consideración fundamental: ¡Cuanto antes cumpla la penitencia, mejor! Comienza a verse la lógica. Si yo he sido un ladrón en mi encarnación anterior, y he nacido pobre en esta como penitencia por aquello, he de cumplir necesariamente esta penitencia, y si alguien me da limosna para salir de mi pobreza, me hace un flaco servicio porque con ello solo está retrasando el pago que necesariamente he de hacer de mi deuda por haber sido ladrón. La limosna no es un favor, sino un obstáculo. No me ayuda sino que me estorba. No acelera mi liberación sino que la retrasa. Tengo que pagar mi deuda, y me trae más cuenta pagarla cuanto antes en esta vida para asegurarme un nacimiento más próspero en la siguiente. Si alivio mi existencia presente con las abundantes limosnas que me dan, me estropeo la próxima en la que tendré que volver a nacer pobre hasta que pague toda la deuda adquirida con mi *karma*. Está claro. Y esto no es consideración teórica sino actitud práctica. Me la he encontrado con frecuencia en la India. Cuento un ejemplo.

Cuando mi tren llegó a la estación de Hazaribagh en el norte de la India donde yo iba a hacer el último año de mi carrera de jesuita, hube de alquilar un *cycle-rickshaw,* el taxi-triciclo impulsado por piernas humanas que era la única manera de llegar con mi equipaje a la institución jesuita varias millas fuera de la ciudad. Yo llevaba un enorme baúl que contenía los innumerables y para mí preciados apuntes, notas, resúmenes, artículos, tesinas, manuscritos de futuros libros y esbozos de futuros sermones acumulados durante cuatro años de estudios teológicos, que eran mi capital intelectual para la vida activa que pronto iba yo a empezar. Ahora toda esa literatura ocuparía el mínimo espacio intangible del último *Memory Stick* del ordenador, pero entonces pesaba kilos en papel y ocupaba volúmenes que había que llevar a cuestas de un extremo a otro de la India. Me dio pena el esfuerzo humano del hombrecillo de los pedales, la tensión de sus piernas delgadas, el ritmo forzado de su respiración, el tirón de cada pedalada por el camino de polvo y piedra. Para colmo, el camino no era llano, y al llegar la primera cuesta no pude más, me bajé del asiento mientras mi pesado baúl quedaba dentro, y me dispuse a empujar por detrás para ayudar al hombre que tiraba del manillar por delante. Él me vio, se paró un momento y me miró con una sonrisa triste. Yo adiviné su significado pero no dije nada. Al fin él habló: 'Si usted me ayuda, yo no cumplo con mi deber. Esto es lo que a mí me ha tocado, y debo hacerlo. Si no, volveré a pagarlo en la próxima vida.' Yo me sabía la teoría aprendida en clase que justificaba esa actitud, el *karma,* pero me sacudió oírla de labios de quien la sufría delante de mí. Le dije poniendo en las palabras todo el sentimiento que pude, 'Dios es misericordioso y te ayudará.' Y seguí empujando. Al final le di una buena propina. Él no estaba acostumbrado a que le ayudaran. Nunca había visto a un hombre blanco empujando su carrito.

Por los años sesenta se hizo célebre en la India un caso que sucedió en Calcuta. No por su magnitud, ya que esa actitud era común y no despertaba sorpresa en la sociedad, pero porque esta vez el incidente llegó a la prensa nacional y generó controversia. Un joven muchacho de religión jainista (el jainismo es la tercera más numerosa religión en la India después del hinduismo y el islam) iba de mañana temprano por la calle cuando vio a un hombre caído en mitad de la calle, consciente pero incapaz de moverse o valerse. El joven pensó en llevarlo a un hospital que había cerca, pero no podía él solo, y a esas horas la calle estaba desierta. Esperó un poco y vio por fin a un monje jainista, envuelto en sus vestiduras blancas y con los instrumentos de culto en las manos, que se dirigía al templo cercano para la oración de la mañana. Le señaló al hombre tumbado en la calle, le indicó que había un hospital cerca, y le pidió le ayudase a llevar hasta allí a aquel hombre. El monje le contestó: 'Déjale que sufra su *karma.*

Cuanto antes pague lo que debe, mejor para él. Además yo no puedo mancharme cuando voy a celebrar mis ritos.' Y siguió su camino al templo con su túnica blanca y sus instrumentos de culto en las manos. El joven se las arregló para llevar al hombre ya inconsciente hasta el hospital, pero quedó indignado por la negativa del monje a ayudar, y escribió una carta al editor del semanario jainista de Bombay, *Prabuddha Yivan,* denunciando el caso y expresando su indignación. En su carta añadió que él había decidido abandonar la religión jainista por la conducta del monje. El editor del periódico, Parmánanda Kúnvaryi Kápadia, buen amigo mío, tomó la carta en serio, la publicó, pidió opiniones de lectores, y a mí me rogó le escribiera un artículo sobre el punto de vista cristiano del servicio a los demás, cosa que hice con gusto. Él mismo zanjó la controversia con la frase: 'El monje hizo mal en no ayudar, y el joven hizo mal en apostatar.' Yo propuse la doctrina evangélica del 'a mí me lo hicisteis', y noté cómo la actitud cristiana había ido entrando en la India sin presión alguna sino como parte integrante de la cultura occidental, y miembros de otras religiones reaccionaban ya espontáneamente con una actitud que originalmente era y es cristiana ante las calamidades de los demás procurando ayudarles en lo posible. Esta influencia callada y benéfica del cristianismo en el mundo es, para mí, la gran gloria del evangelio. Y su gran misión. Aunque pocos caigan en la cuenta de ello.

El papa Pablo VI en su encíclica sobre las misiones escribió:

'Lo que importa es evangelizar la cultura y las culturas del hombre.'

(Evangelii nuntiandi, 20)

Evangelizar la cultura es introducir valores cristianos en la conciencia de las personas y en la práctica de la sociedad. Sin ruido y sin propaganda. De manera connatural y espontánea. Y eso es lo que está ya sucediendo felizmente. Un valor específicamente cristiano es el amor y el servicio al prójimo, y ese está siendo extendido, aceptado, practicado por todo el mundo entre culturas que no lo conocían. Auténtico apostolado misionero. Tan fructífero como silencioso. Este es el caso de la ayuda al prójimo en ambientes en que esa actitud no se cultivaba. Ahora en la India ante un terremoto, unas inundaciones, una sequía todas las comunidades recaudan fondos y envían voluntarios y ayudan a los afectados por cualquier calamidad natural. No los abandonan a su *karma*. En eso están practicando el cristianismo aunque no lo sepan y nosotros no se lo digamos. A estos se les podría llamar 'cristianos anónimos' en la terminología del padre Rahner. Actuar por principios cristianos aunque no se les dé el nombre. Esa es la evangelización de las culturas.

En la lengua guyaratí 'hospital' se dice *'ispital'*, es decir, que la palabra para designar un hospital no existía antes de la llegada de los cristianos ingleses y se tomó prestada del inglés con un ligero cambio fonético; y no existía la palabra porque no existía la institución. Ahora fieles hindúes y jainistas fundan hospitales para servicio de los pobres en un gesto profundamente humano y radicalmente cristiano aunque ya no se acuerden del origen de esta práctica ni se sorprendan por el anglicismo lingüístico, y todos nos alegramos por ello. Evangelización de la cultura.

Los musulmanes sí practican la ayuda al prójimo. Los cinco pilares del Islam son la profesión de fe, la oración, la limosna, el ayuno, la peregrinación a la Meca. La limosna es ayuda al prójimo.

'Las limosnas deben ser empleadas en aliviar la necesidad de los pobres, de los indigentes, de los oficiales limosneros, en la redención de los cautivos, en el pago de deudas, en el auxilio de los viajeros, y en la causa de Alá. Tal es la distribución ordenada por el Señor, que es sabio y prudente.'

(Corán 9:60)

El mandamiento es claro y fundamental, y va acompañado después con la advertencia de que la limosna no debe hacerse nunca con ostentación sino en secreto. Es cuidado concreto y valioso del prójimo, pero dentro de su importancia y su dignidad tiene dos limitaciones. Una, que la limosna es solo ayuda material, aunque el espíritu con que se hace puede llevar a todo tipo de ayudas según se necesiten. Y otra, que la legislación prevé solamente limosnas de musulmanes a musulmanes. «La causa de Alá.» No se contempla la ayuda a los demás. Es un valor real, pero limitado en su aplicación. Como nota personal añado que el ejemplar del Corán del que acabo de tomar esa cita me llegó a mí en herencia con los demás libros que mi padre tenía en su oficina. Y no era ése un libro corriente para que un ingeniero lo tuviera a la mano en su despacho. Bendita herencia. Y así me entiendo yo mejor a mí mismo y doy gracias a Dios por los padres que tuve.

En otras culturas también se practica la ayuda de unos a otros, pero sin llegar a la profundidad y la universalidad del cristianismo. 'A mí me lo hicisteis.' Nos encontramos, pues, ante un valor específicamente cristiano y profundamente humano que motiva toda evangelización y dignifica todo apostolado. Predicar el amor a todos en el nombre de quien a todos nos amó, y el consiguiente servicio a todos en todo y sin distinción. Esa es la tercera y definitiva motivación del misionero católico según yo lo veo. Servir en nombre de Cristo. Punto de inflexión fundamental en la trayectoria que ha llevado de salvar del infierno a los no bautizados a servir en la tierra a todos con amor. Ecumenismo real.

Solo hay una pequeña sombra en este panorama tan excelso, y es que el servicio a los demás se ha tomado con frecuencia en el cristianismo, y no solo en el pasado, como un paso para la conversión. Directa o indirectamente, explicita o implícitamente, abierta o solapadamente la ayuda prestada se ha usado deliberadamente para convencer, persuadir, atraer, empujar, condicionar, a veces hasta obligar al que la recibe a que se bautice. Se ha hecho el bien pero se ha pasado factura. Se ha dado de comer al hambriento pero se le ha bautizado poco después. En el lenguaje han quedado expresiones como 'cristianos de arroz' (ver Wikipedia, *Rice Christians)*, o 'cristianos del 56'. Esta fecha se refiere a una gran hambruna que hubo en la región del Guyarat en la India el año 1956 de la era Vikram (correspondiente al 1900 de la era cristiana), en la que las misiones cristianas, católicas y protestantes, se distinguieron por la ayuda prestada a las masas hindúes en su necesidad, con el resultado de que las conversiones aumentaron considerablemente en ese período. Historiadores cristianos rechazan la acusación como exagerada, pero el Diccionario de la Academia de la Lengua Guyaratí sigue definiendo la voz *Cchappaniyo* ('Los del 56') de esta manera: 'Hindúes que se convirtieron al cristianismo al pasar hambre el año 56. Uso despectivo.' Eso no nos hace bien. A nadie. Mahatma Gandhi escribió algo que nos hace pensar:

'Cada vez estoy más convencido de que si las grandes y poderosas misiones cristianas se dejasen de atrapar a nuestros inocentes campesinos haciéndolos cristianos, y se limitasen a servirles con amor sin destruir sus vínculos sociales, harían un gran servicio a la India y al mismo cristianismo.'

(Hariyanbandhu, 29.9.35)

El gran acierto de la Madre Teresa fue el hacer bien a todos sin bautizar a nadie. Si se hubiera dedicado a bautizar, nadie conocería hoy su nombre ni la habrían canonizado. Con su dedicación al bien de los demás en nombre de Cristo sin ulteriores motivos, hizo el mejor servicio al evangelio.

El papa Benedicto XVI en su primera encíclica 'Dios es amor' escribió algo que es la mejor respuesta y el eco en nuestros días de esa situación vivida en la India y en todo país de misión en tiempos pasados. Esa declaración, en su contexto histórico, tiene todo el sentido de reconocer el error del pasado y proclamar la verdadera actitud para el futuro. Es bien seria y bien clara y bien valiente. Y bien poco conocida y practicada, al menos por lo que yo he visto. Sorprende por su claridad y su profundidad y su decidido rechazo de muchas acciones de celosos misioneros en el pasado:

'La caridad no ha de ser un medio en función de lo que hoy se considera proselitismo. El amor es gratuito; no se practica para obtener otros objetivos. Quien ejerce la caridad en nombre de la Iglesia nunca tratará de imponer a los demás la fe de la Iglesia.'

(31, c)

Cité antes a Kálelkar, y tengo otra memoria personal de él que es importante en mi vida. Un día vino a dar una conferencia en nuestra Universidad de San Javier en Ahmedabad, al comenzar se refirió a mí y a nuestra amistad, y dijo ante todo el claustro de profesores y el alumnado reunido en el salón de actos lo siguiente: 'Otros misioneros cristianos hacen que los hindúes se hagan cristianos. El padre Vallés hace que los hindúes amen a Cristo.' En ningún modo comparo mi trabajo con el de mis hermanos a quienes admiro y respeto, ni menos rebajo a nadie en sus ideas y su labor, pero considero las palabras espontáneas de Kálelkar como la mejor definición de lo que he querido y quiero hacer en mi vida. Que amen a Cristo. Que acepten sus valores. Que amen a todos. Que se sientan unos con todos. Evangelizar la cultura. Sin necesidad de bautizar a nadie. También he de mencionar aquí mi experiencia personal en la materia. El superior jesuita en la India entonces me dijo con evidente celo y poca caridad: «Usted habrá escrito muchos libros y habrá ganado premios, pero en realidad usted ha perdido el tiempo porque no ha bautizado a ningún hindú.»

Esta larga trayectoria de san Francisco Javier a Benedicto XVI muestra la vitalidad del evangelio, la necesidad de la apertura sucesiva, la aventura del crecimiento, la bendición del cambio. Siempre respetuosos con el pasado, y siempre abiertos al futuro. La caridad es virtud cristiana, y la vitalidad con que se ha ido refinando a través de veinte siglos es testigo de su origen divino, de su entronque humano, de su alcance universal, de su poder testimonial. Definición y misión del cristianismo en el mundo. 'A mí me lo hicisteis.'

CAMINAR ES LLEGAR

La pregunta sobre el destino del cristiano en su fe se extiende espontáneamente al destino de todo hombre y mujer en el mundo, sea cual fuera su fe. A todos nos concierne a un nivel más general, más universal, más radical. ¿Para qué estoy yo en este mundo? ¿Qué me ocurrirá cuando muera? ¿Cómo debo portarme? ¿Cómo puedo prepararme? Desde que el ser humano es ser humano y piensa y observa y habla con sus congéneres y pasa ratos sentado en una roca mirando al sol que se pone en el horizonte, y ve a sus hijos jugar y correr por los campos y a sus padres descansar en un rincón del hogar del cansancio de la vida, se ha hecho la pregunta fundamental que quiere poner base a su vida y dirección a su existencia. ¿Qué es todo esto?, ¿para qué sirve todo lo que yo veo en mí y alrededor mío?, ¿qué hago yo aquí?, ¿de dónde vengo y a dónde voy?, ¿qué sentido tiene la vida? ¿Quién soy yo?

La primera forma de esta pregunta en el hombre primitivo fue quizá, ¿qué hay después de la muerte? Ha visto morir a semejantes suyos a su alrededor, un anciano por acabársele la vida, un joven por haberse caído a un precipicio, una niña por un dolor extraño, un bebé por no acabar de nacer. Un sentido elemental, que es lo que le ha hecho ser humano, una deducción, una convicción, una intuición le hacen decir que eso no puede acabar allí, que ese bebé y esa niña y ese joven y ese anciano siguen viviendo, que seres tan valiosos y tan perfectos no pueden desaparecer para siempre después de una breve existencia, que quien le amó sigue amándole y quien vivió sigue viviendo. Y cuidó de sus muertos, arregló tumbas, cultivó recuerdos, poco a poco creó un culto a los antepasados, una cultura de la muerte. La vida seguía después de la muerte. Pero ¿cómo seguía?

La pregunta primera sobre qué hay después de la muerte cobra con los siglos y las edades y las culturas y las filosofías un filo más agudo y una formulación más abstracta. ¿Cuál es el sentido de la vida? El primer filósofo está diciendo lo mismo que el primer neandertal aunque con un lenguaje más refinado. El sentido de la vida. La senda de la existencia. El fin del hombre. ¿De dónde y a dónde? ¿Cuál es el significado del nacer y el morir, del vivir y crecer y relacionarse y reproducirse y proyectar y soñar? ¿Cuál es el sentido de la vida? Es la segunda formulación del interrogante permanente del género humano.

La tercera llegó con la introspección y el autoanálisis y la mística. ¿Quién soy yo? El sentido de la identidad personal. Si averiguo quién soy yo en profundidad y en todas sus consecuencias, se me aclarará para qué estoy aquí, cómo he de portarme en esta vida, y qué me espera en la siguiente. Las tres preguntas, ¿Qué hay después de la muerte?, ¿Cuál es el sentido de la vida?, y ¿Quién soy yo? son equivalentes en su sentido aunque formuladas a distintos niveles de sofisticación. Son las preguntas que hacen humano al ser humano y determinan la calidad de su existencia. También marcaron puntos de inflexión en mi vida, y nuevas posiciones para el Dios Concreto y el Dios Abstracto según iban viniendo.

La vida era, en un principio, un tiempo de prueba en el que quedaba definido el carácter moral de la persona, se anotaban sus obras buenas y sus obras malas, y se definía su suerte feliz o desgraciada para la eternidad. Había que merecerse el cielo. Y el grado de gloria en el cielo. En paralelo con los exámenes de nuestros cursos escolares, había que prepararse para el momento de la prueba, y como esta no tenía fecha fija había que estar preparados siempre para aprobar el examen cuando llegase con la mejor nota posible. Ese era el sentido de la vida. Fácil de entender y de aceptar, y clara y eficiente motivación para una vida virtuosa y devota. Parecía definitiva e imbatible.

Aunque ya desde ahí había algunas diferencias. En el hinduismo, por ejemplo, se toma la suma total de las acciones de la persona a lo largo de toda su vida (eso es el *karma*) para determinar su destino tras la muerte según predominaran las buenas o las malas, mientras que en el cristianismo se toma solamente la situación moral de la persona en el momento de fallecer. Si en aquel momento estaba 'en gracia de Dios', iba al cielo (tras una visita de cumplido al purgatorio), mientras que si estaba 'en pecado mortal' en el momento de morir, iba al infierno independientemente de lo que uno hubiera estado haciendo durante toda su vida. Todo dependía del instante de la muerte. Se nos contaba (no sin cierto regodeo disimulado) el ejemplo del señor que un domingo decidió no ir a misa sin más, pensando que ya se confesaría el sábado siguiente..., pero murió el lunes de repente atropellado por un coche y se fue al infierno. De ahí la importancia de una 'buena muerte' que siempre se ha recalcado en el cristianismo. La actitud hindú parece mucho más razonable que la cristiana.

En la universidad de Madrás todos los alumnos de ciencias habíamos de pasar el primer año un examen de inglés para elevar nuestro conocimiento del lenguaje a nuestro nivel académico. El curso consistía en estudiar tres libros prescritos, y luego hacer un examen escrito de tres horas con preguntas sobre esos libros. En mi año los tres libros fueron la novela de Thomas Hardy *Far from the Madding Crowd,* una historia de la India por Sardar Paniker, y *The French Revolution* de Thomas Carlyle. Este último libro sobre la revolución francesa nos lo explicaba en clase un sacerdote jesuita inglés, el padre Leigh (pronunciado Li). Al llegar a la muerte de Luis XVI, Carlyle reseña cómo antes de la guillotina se le permitió al monarca recibir brevemente el sacramento de la confesión, y, con su típico estilo incisivo e irreverente, se ensaña en recalcar cómo la señal de la absolución del sacerdote trazando la cruz sobre la cabeza inclinada del penitente real borró en un instante todas los vicios, los abusos, los excesos, las injusticias del monarca en su vida pública y privada – y se fue al cielo. El padre Leigh tuvo cierta dificultad en explicar la invectiva de Carlyle contra aquella absolución sacramental ante los alumnos hindúes. A la salida de clase aquel día mi amigo brahmán C.S. Séshadri me dijo sin malicia, 'Oye, ¿podrás tú venir cuando yo me muera y darme la absolución por si acaso? No importará que yo sea hindú ¿verdad?'

En aquella clase sólo había otro alumno cristiano además de mí, Johnny Tong de origen chino, y él me buscó luego en privado y me enseñó casi en secreto la tarjeta que siempre llevaba encima. En ella estaba impresa la Gran Promesa del Sagrado Corazón de Jesús a santa Margarita María de Alacoque que todos conocemos, y que es el origen de la devoción de los Nueve Primeros Viernes de Mes:

'Yo te prometo, en el exceso de la misericordia de mi corazón, que mi amor omnipotente concederá a todos los que comulguen los primeros viernes de mes durante nueve meses consecutivos la gracia de la penitencia final y que no morirán en mi desgracia ni sin recibir los Santos Sacramentos, asegurándoles mi asistencia en la hora postrema.'

A continuación seguía la firma del párroco repetida nueve veces en las nueve fechas atestiguando que Johnny Tong había comulgado debidamente los nueve primeros viernes de mes consecutivos. Con el sello de la parroquia. Lo llamaba su pasaporte para el cielo y siempre lo llevaba consigo. El primer libro que yo escribí en la lengua guyaratí, *Hrudaya Bhakti* (La Devoción del Corazón) fue sobre la devoción al Corazón de Jesús que felizmente formó mi vida religiosa, y en el que yo explicaba y recomendaba esa devoción fundamental en todos sus aspectos con todo celo e interés, y ese libro es testigo de mi aprecio por la devoción y mi contribución personal a su extensión, pero aun así sentí en aquel momento cierta incomodidad con Johnny Tong. No se firman contratos para la eternidad. No creo que santa Margarita María pensara en el párroco de Johnny. Y Carlyle no andaba quizá descaminado del todo. A Johnny le recordé que la tarjeta se le quedaría en el bolsillo de la camisa al pasar la frontera. En España se hizo célebre el episodio, real o inventado, de José María Gironella en su libro sobre la guerra civil española *Un millón de muertos* donde presentaba al legionario que arriesgaba temerariamente su vida en el frente de batalla porque, argüía mostrando la imagen que llevaba encima con la promesa del Sagrado Corazón, no moriría en combate porque estaba en pecado mortal y no podía morir sin sacramentos. Abusos de piedad. Que nos recuerdan los problemas que puede causar el Dios Concreto. Y no dejaré de anotarlos con todo cariño y respeto. La teología apofática debería resucitarse de cuando en cuando. El Dios Abstracto.

Yo tuve suerte en mi búsqueda del sentido de la vida por mi formación ignaciana. Se puede llamar una especialidad de la casa. San Ignacio son los Ejercicios Espirituales, y los Ejercicios Espirituales son el Principio y Fundamento. Aquí está el párrafo inspirado, conciso y profundo, escolástico y lógico, salmantino y parisiense, sencillo y trascendente que abre los Ejercicios con solemnidad de puerta de catedral y truenos de trompetas. Lo cito de memoria con el gozo de sus repetidos recuerdos y sus profundas resonancias en mi vida:

'El hombre es creado para alabar, hacer reverencia y servir a Dios nuestro Señor, y mediante esto salvar su ánima; y las otras cosas sobre la haz de la tierra son creadas para el hombre, y para que le ayuden en la prosecución del fin para que es creado. De donde se sigue, que el hombre tanto ha de usar dellas cuanto le ayudan para su fin, y tanto debe quitarse dellas, cuanto para ello le impiden. Por lo cual es menester hacernos indiferentes a todas las cosas creadas, en todo lo que es concedido a la libertad de nuestro libre albedrío y no le está prohibido; en tal manera que no queramos de nuestra parte más salud que enfermedad, riqueza que pobreza, honor que deshonor, vida larga que corta, y por consiguiente en todo lo demás; solamente deseando y eligiendo lo que más nos conduce para el fin que somos creados.'

'El fin del hombre' llamamos a esta consideración. Innumerables veces la he meditado, predicado, estudiado, comentado. El fin del hombre define el sentido de la vida. Y eso es principio y fundamento de todo lo que va a seguir. Pocas veces se ha escrito un párrafo tan lleno de significado y tan preñado de consecuencias como éste, y pocos textos fuera de las Sagradas Escrituras han sido objetos de tanta contemplación, oración, estudio y comentario como éste. Una vez establecido el fin de nuestra existencia se sigue la manera de comportarse en la práctica a cada momento. Si una pluma es para escribir no debe usarse para clavar clavos, y si un martillo es para clavar clavos, no debe intentarse usarlo para escribir. 'Para'. Esa es la palabra mágica. El fin del objeto determina su uso. El fin del hombre determina su vida. El hombre ha sido creado para…, y su finalidad determina ahora su conducta.

El jesuita inglés Joseph Rickaby publicó a principios del siglo pasado un comentario sobre los Ejercicios de san Ignacio en el que cuenta cómo un marinero inglés, deseando descansar al llegar a puerto, vio un portal con la inscripción 'Retreat House' (Casa de Retiro), entró en ella y pidió habitación para retirarse a descansar sin sospechar la verdadera naturaleza de la casa que en realidad era una Casa de Ejercicios Espirituales. Se le asignó una habitación individual, se le dio una hoja en la que estaba escrito el 'Principio y Fundamento' tal como lo acabo de citar, y se le dijo que lo leyera y considerara por sí mismo en su habitación. El director fue a verlo al cabo de una hora y se encontró al buen marinero dando pasos agitados de pared a pared con la hoja de papel en la mano y repitiendo en voz alta (con acompañamiento de expletivos náuticos), '¡Maldita sea, es verdad!, ¡Maldita sea, es verdad!' Se le dijo que había hecho unos buenos Ejercicios.

De novicios nos contaban el ejemplo del célebre jesuita padre Ginhac en Francia, que dirigía los Ejercicios de Treinta Días para los jóvenes sacerdotes jesuitas que habían acabado la carrera y se preparaban para salir a ministerios, y que en aquel mes consagraba un día entero a esa sola palabra: 'Para'. Un día entero dedicado a una sola palabra, su sentido, sus consecuencias, sus aplicaciones, sus profundidades. 'El hombre es creado para…'. La vida entera queda resumida en los Ejercicios Espirituales, los Ejercicios enteros se resumen en el Principio y Fundamento, y el Principio y Fundamento se resume en una sola palabra: 'Para'. Dirección, vector, finalidad. Después se verá cuál ha de ser esa finalidad y a dónde debe apuntar ese vector, pero por ahora nos concentramos en que la vida es un medio para un fin, que ha de haber una orientación, que no estamos aquí por estar aquí sino para seguir adelante hacia un fin. 'Para'. Todos los Ejercicios Espirituales, toda la espiritualidad ignaciana, toda la Compañía de Jesús resumida en una sola palabra. 'Para'. No es extraño el poder de síntesis que se atribuye a la formación jesuita. Aunque tampoco se cita el inevitable aburrimiento al que el entusiasmado director sometía a sus resignados oyentes por todo un día.

Una de las causas del ser que propone Aristóteles, junto con la causa eficiente, formal, y material, es la causa final, es decir, la determinación del fin, el propósito de hacer algo. De ella dice que es 'la primera en la intención y la última en la ejecución'. Es decir, que uno se propone hacer algo, por ejemplo un viaje, y luego lo planea, lo prepara, lo anuncia, lo fija, lo reserva, lo paga… y por fin embarca. Sin la intención de hacerlo no llegaría el día de embarcarse. Sin la causa final ninguna de las otras causas entra en acción, y con ella todas ellas entran en juego y llevan a cabo el programa concreto y la vida entera. La causa final lo rige todo y lo motiva todo. Esa es la fuerza de la finalidad. La importancia del fin del hombre. El Principio y Fundamento de todo.

Una vez más, todo eso sonaba muy bien en Loyola y Javier, en Salamanca y en París, en latín y en castellano, pero en la India las mismas palabras tenían sonido distinto, y la conversación con hindúes descubría en nuestras citas tradicionales matices a los que yo no estaba acostumbrado. De nuevo un pensador hindú me iba a llevar a interpretaciones nuevas. Ramprasad Shukla era profesor de lengua guyaratí en la universidad, poeta, y padre de dos alumnos míos. Era muy culto y algo había oído o leído a tales distancias sobre los Ejercicios Espirituales de san Ignacio, y sacó el tema un día en conversación y me pidió referencias. Nada mejor que empezar por el Principio y Fundamento. Le expliqué de qué se trataba, se lo di a leer allí mismo, y lo comentamos a continuación. Yo empecé.

- ¿Qué te ha parecido?
- Mucha lógica.
- ¿Lo dices como alabanza o como reproche?
- Un poco como reproche. Ya sabes que vuestra lógica occidental no vale mucho por aquí.
- Sí, ya lo sé. No sois aristotélicos.
- En cambio me ha gustado mucho lo de la indiferencia. Ya conoces lo de los *dvandas* en sánscrito, ¿no?
- Sí. Los *dvandas* son los 'pares' de cosas o situaciones opuestas que no deben alterarnos sino aceptarse con indiferencia. Ahora caigo en la cuenta de que esa palabra sí es muy vuestra y muy usada entre vosotros. Y de *dvanda* viene 'dúo' que es 'dos'.
- Exacto. Declara la indiferencia a los 'pares', al frío y al calor, a la abundancia o la escasez, al éxito y al fracaso…
- … «a la salud y enfermedad, a la riqueza y a la pobreza, al honor y al deshonor, a la vida larga o corta» que dice mi padre san Ignacio. Veo que en eso estamos de acuerdo.
- Sí, pero no en todo.
- ¿Pues?
- Eso del principio no me suena bien.
- ¿A qué te refieres?
- A que Dios crea al hombre para que le alabe, le reverencie, y le sirva. ¿No es eso un poco demasiado humano?
- ¿Qué quieres decir?

- Que vuestro Dios parece un Dios vanidoso, egoísta, e inseguro. Crear al hombre para que le alabe no parece muy digno. Las conclusiones que de ahí se derivan son muy prácticas y válidas para el hombre, pero la premisa principal de donde se derivan no me parece bien al menos a mí. Rebaja mucho a Dios.

- La alabanza de Dios es un tema fundamental en la Biblia. Anda por todos los salmos, y san Pedro llega a decir, en una carta suya que es parte de la Biblia, que somos un pueblo formado para cantar las alabanzas de Dios.

- Repito que es un poco mezquino.

- Pero permíteme decirte que, por lo que yo conozco del hinduismo, también la alabanza de Dios juega un papel importante en vuestros rezos y vuestros ritos; y vuestros maravillosos templos por toda la India son al fin y al cabo monumentos a la soberanía de Dios, alabanza a su majestad en piedra y arquitectura. No dirás que Dios es egoísta porque le gusta que le edifiquen templos.

- No, pero es demasiado humano. Lo que pasa es que en el hinduismo eso se acepta, pero solo como una primera fase en la práctica de la religión. La devoción popular siempre necesitará sus rituales, y están muy bien, pero en el hinduismo tenemos también otro punto de vista según avanzamos en espiritualidad.

- ¿Cuál?

- ¿Has oído hablar del *Saguna Brahman* y el *Nirguna Brahman?*

-

Aquí yo solté la carcajada. Tenía gracia. Se veía que en cuanto me ponía yo a hablar en profundidad con un intelectual hindú sobre religión, me sacaba lo del Dios Concreto y el Dios Abstracto. Tuve que explicarle al profesor poeta mi reacción tan espontánea por mis experiencias pasadas con el tema. Resultaba que era la solución para todo. Se comienza con la religión popular de alabanza, petición, acción de gracias, imágenes, ceremonias, rituales…, y se va pasando poco a poco a la distancia, la trascendencia, el silencio, la oscuridad, la nube. Ese es el progreso en la espiritualidad, el desarrollo del pensamiento religioso, la manera de vivir la religión y adorar a Dios de forma adecuada para cada persona y para cada fase de la vida. Se ve que ese concepto soluciona todo, suaviza todo, justifica todo. Hacen falta imágenes y templos, y hace falta también un modo de adorar a Dios sin imágenes ni templos. Dios Concreto y Dios Abstracto. Esto lo indicó ya Jesús a su manera en el diálogo con la mujer samaritana en el pozo de Sicar. Los samaritanos habían edificado su propio templo en el monte Garizim para no ir al de Jerusalén, y de ahí viene la pregunta de la mujer.

'Le dice la mujer: «Señor, veo que eres un profeta. Nuestros padres adoraron en este monte, y vosotros decís que en Jerusalén es donde se debe adorar.»

Jesús le dice: «Créeme, mujer, que llega la hora en que, ni en este monte, ni en Jerusalén adoraréis al Padre. Vosotros adoráis lo que no conocéis; nosotros adoramos lo que conocemos, porque la salvación viene de los judíos. Pero llega la hora, y ya estamos en ella, en que los adoradores verdaderos adorarán al Padre en espíritu y en verdad, porque así quiere el Padre que sean los que le adoren. Dios es espíritu, y los que le adoran deben adorarle en espíritu y verdad».'

(Juan 4:19-24)

Adorar en el templo y adorar en espíritu. Es la expresión de Jesús. Consoladoramente paralela a la nuestra. Todo tiene su lugar y su hora. Dios Concreto y Dios Abstracto, o los términos sánscritos o los escolásticos, o el templo y el espíritu. Con expresiones más filosóficas los unos y más gráficas los otros, todos apuntan a las dos maneras de entender y relacionarse con Dios que se alternan en la vida y se complementan a lo largo de la experiencia personal de cada uno. El templo visible de piedra y arte, de ritos y sacrificios, de inciensos y campanas, de ceremonias y peregrinaciones, de multitudes y sacerdotes, y el 'espíritu' de soledad y recogimiento, de abstracción de forma y de palabras, de nube y tiniebla, de quietud y silencio. La teología catafática y la apofática. El Dios Concreto y el Dios Abstracto. Casi casi en labios de Jesús. Templo y espíritu. Y ya estamos en la hora del Espíritu.

En todo este enfoque del sentido de la vida juega un papel fundamental la fe en Dios que fija el fin de la existencia humana y dirige todo el proceso de acercarse y llegar a él. La fe es la que nos permite entender y formular el destino del hombre y el sentido de la vida sobre la tierra con claridad y alegría. Por eso me había resultado fácil a mí, hacía pocos días por entonces, contestar a la petición de un artículo por parte del editor de la revista mensual *Lokmilap* que quería celebrar con una edición especial el número 100 de la revista y había pedido a varios escritores escribiéramos cada uno con brevedad y sinceridad una página sobre el tema 'Así veo yo mi vida…'. Yo en mi artículo me imaginé sencillamente que así como unos padres cariñosos a punto de tener un hijo sueñan con qué será y cómo lo educarán y a dónde llegará, Dios también, Padre amante y providente por excelencia, pensó al crearme en lo que yo iba a ser y hacer; y el sentido de mi existencia sobre la tierra consiste ahora en descubrir y llevar a cabo el plan que Dios en su amorosa providencia ha soñado para mí. Así veo yo mi vida. Hallar la voluntad de Dios para mí y hacerla realidad en cada momento y acción en mi vida. Ese es el Principio y Fundamento para mí. Claro y decisivo en fórmula y en imagen, en guía moral y en trayectoria vital. Le conté eso también a mi amigo Ramprasad, y estuvo de acuerdo. No había más que discutir. Era definitivo. Se había salvado el Principio y Fundamento de mi padre san Ignacio.

Por eso mismo no estaba preparado yo para el próximo punto de inflexión. Cambio de dirección cuando ya no parecía posible ni deseable ningún otro. Pero la vida tiene sus sorpresas, y es bueno estar siempre dispuesto a dejarse sorprender. Yo he leído mucho Zen y mucho budismo, he disfrutado con los clásicos taoístas Laozi, Zhuangzi, y Liezi, he meditado *koanes* y he memorizado *haikus,* he contado cuentos Zen en mis charlas y en mis libros, y aun así no estaba en manera alguna preparado para la sencilla, inocente, juguetona, traviesa, superficial y abismal declaración de Lao Tzu que me apareció un día sin avisar en uno de sus largos y monótonos textos, y que quedó colgada ante mis ojos sin desaparecer ya nunca de mi mente desde aquel momento:

'La ausencia de finalidad
es la esencia de la felicidad.'

No podía creerlo. Ausencia de finalidad. Se acabó el fin del hombre, se acabó la causa final de Aristóteles y el Principio y Fundamento de San Ignacio. Se acabó todo. No podía ser. Era absurdo, irritante, denigrante, y frustrante. Y sin embargo, de una manera extraña, lejana, de magia y de encantamiento, de canto de sirena y de profecía de sibila, sonaba bien. Y no solo por el pareado rimado en castellano sino porque algo se escondía tras la sonrisa intrigante de la rima fácil. Sonaba inmediatamente a sabiduría oriental en contraste con la lógica occidental. Había que pensárselo. A lo mejor había algo interesante detrás de aquella provocación manifiesta a todo nuestro modo de ver. Había que darle una oportunidad a Lao Tzu.

Una vez abierta la mente no era tan difícil verlo. De hecho es bien sencillo. El Zen es materia de presente. Vive en el momento presente al que revitaliza haciéndolo centro y núcleo de la vida como en realidad lo es. Aquí y ahora. El presente es vida. El pasado es muerte, y el futuro es sueño. El pasado ya pasó, y el futuro aún no ha llegado. Si malgastamos el presente en cavilar sobre el futuro, nos perdemos el presente y el futuro. Y resulta que la finalidad es tema de futuro. Y por eso la ausencia de finalidad, eliminando el futuro, lleva a la felicidad en el presente. Ayuda a concentrarse en el aquí y ahora, a entrar en plenitud en el momento presente, a vivirlo en toda su intensidad, a sentirlo, palparlo, disfrutarlo, sufrirlo en todo lo que es y todo lo que trae, a estar en contacto con la realidad, a ver lo que vemos y oír lo que oímos, a dar vida plena a la persona con quien estamos hablando o al rostro que estamos viendo, o al plato que estamos comiendo o a la música que estamos escuchando, a estar donde estamos y hacer lo que hacemos que es lo que en el Zen nos dicen precisamente que nunca hacemos, ya que de ordinario estamos en la mente lejos de donde estamos en el cuerpo y vivimos en la imaginación en vez de estar en contacto con nuestros sentidos. Vivimos en el futuro, con lo cual nos perdemos el presente que es lo único que realmente podemos vivir. Claro que hay que guardar siempre el equilibrio, pues la memoria y la previsión son siempre también parte del presente en cuanto recuerdan y planean con la imparcialidad del presente la vida que ha pasado y la que vendrá. No se trata de ausencia total sino de proporción adecuada.

El sentido de la vida enfoca el futuro. Es la finalidad, la dirección, la meta. El mañana, el final, la eternidad. Está muy bien, pero si miramos solamente a lo lejos nos perdemos la realidad de lo de cerca. El dicho latino *'Quid hoc ad aeternitatem?'* (¿Qué valor tiene esto para la eternidad?), que nos enseñaban debía repetirse antes de cada acción para relativizarla ante el prospecto de la eternidad, parecía muy moralizante y edificante por entonces, pero en realidad no lo es, porque ante la eternidad nada vale nada. No tiene sentido preguntarse '¿qué vale esto para la eternidad?' al ir a desayunar o al leer el periódico o salir a pasear. En cambio para el momento presente el desayuno y el periódico y el libro y el paseo tienen sentido y validez y satisfacción y alegría. El valor de la vida hay que buscarlo y encontrarlo primero en la realidad presente, y sólo después también en la finalidad futura. La acción se justifica y se motiva desde ahora por su valor en sí misma, la satisfacción legítima que da a la persona y el bien que hace a los demás. La vida es ahora, y tu hogar es donde estás.

Discípulo: Maestro, ¿cuándo podré ir a casa?

Maestro: Y ¿dónde estás ahora?

'El bambú largo es largo, y el bambú corto es corto.'

'Si las entiendes, las cosas son lo que son; y si no las entiendes…, las cosas son lo que son.'

'Antes de la iluminación los valles eran valles y las montañas eran montañas; durante la iluminación los valles dejan de ser valles y las montañas dejan de ser montañas. Después de la iluminación los valles vuelven a ser valles y las montañas vuelven a ser montañas.'

'El camino es la meta, caminar es llegar.'

El último dicho era el favorito de Swami Ramdas, un santo hindú del siglo pasado en el sur de la India que se ganó el aprecio y el cariño de todos por su desprendimiento, su sonrisa, y su buen humor, y que recoge en él la esencia de la mentalidad oriental, sea Zen en la China o hinduismo en la India. El camino es la meta, cada paso es un fin en sí mismo, es el fin del ejercicio momentáneo del cuerpo, de la intención actual de la mente, del alcance del pie. Es la capa de polvo que espera la huella, el taconazo que marca el fin de un paso y el comienzo de otro. Y cada momento en ese paso es también un fin en sí mismo y un comienzo en sí mismo. En cada paso hemos llegado a donde teníamos que llegar, que era un metro poco más o menos de donde estábamos hace un momento, el fin de ese paso, la meta temporal del cuerpo mientras el pie estaba en el aire, el destino de este paso concreto mientras ha durado. Todo es camino y meta en cada instante, todo es despido y encuentro, todo es caminar y llegar. Tenía razón Swami Ramdas. Al final todos los santos vienen a decir lo mismo. Y los poetas. Y los monjes. Lo que cuenta es el momento presente. Y la suma de todos esos presentes hace la vida entera.

Claro que en la vida práctica hay que prever circunstancias, calcular gastos, examinar opciones, planear viajes. El futuro hay que preverlo y planearlo. Si quiero viajar mañana he de decidirlo hoy, y si quiero un billete barato haré bien en decidirlo un mes antes para aprovecharme de las rebajas a la reserva anticipada. De acuerdo. Pero en este caso ese viaje de mañana es ya parte de hoy cuando he recibido la invitación y ha surgido la idea. Es parte del presente, y, como tal, válida y necesaria. Lo que rechazamos son las preocupaciones, las cavilaciones, las dudas, las vacilaciones, los castillos en el aire, los sueños. Hay que devolverle al presente su presencia para poder disfrutar plenamente de él. Y con respecto a la vida eterna, queda también claro que la mejor manera de merecer una buena vida futura es vivir bien la presente, mientras que la mejor manera de estropear el presente es la proyección al futuro. Vivir el presente es sabiduría eterna. Y es plegaria cristiana: el pan nuestro de cada día. No el de mañana o el de pasado mañana. *'El pan nuestro de cada día d*ánosle hoy'.

A DONDE VA MI NARIZ

Parece que tras este traumático y radical punto de inflexión ya no era posible otro. Pero lo hubo en mi vida. Y más marcado todavía. Si cambiar es vivir, yo he vivido mucho. Y si las sorpresas nos revitalizan, yo he vivido de sorpresa en sorpresa. Y he disfrutado con todas. Aquí me esperaba una buena. Mi caminata intelectual y religiosa a lo largo de la búsqueda del sentido de la vida me había llevado de España a la India, del futuro al presente, de la proyección a la contextualización. Todo eran enfoques distintos, variados y complementarios, fe y lógica, razón y sentidos, oriente y occidente, Dios Concreto y Dios Abstracto; pero todos eran búsqueda del sentido de la vida de una manera o de otra. Y ahora, de repente, llegaba otro enfoque que echaba por tierra a todos los anteriores y parecía acabar con todo. ¿O no? Habría que verlo con calma.

Al poco tiempo de llegar a la India leí, inevitablemente, a J. Krishnamurti. No me atrajo. Me pareció seco, académico, impersonal. Quizá no leí tampoco sus mejores textos. Lo dejé. Años más tarde volvió a caer una antología de textos suyos en mis manos, *Freedom from the Known*, (Liberarse de lo conocido) por Mary Lyutens. Para entonces debía estar yo más preparado a la perspectiva de enfoques orientales, y lo leí con gusto que llegó a entusiasmo. Fui leyendo entonces varios libros suyos desde su clásico *The First and Last Freedom* (La libertad primera y última) hasta las tres series de *Commentaries on Living* (Comentarios sobre el vivir), y hasta me entrevisté dos veces con él en conversación personal. Llegó a ser un referente bienvenido en mis libros y conferencias por su claridad, su ataque a los condicionamientos que todos padecemos, y su actitud ejemplar en renunciar al trono de gurú universal que la Sociedad Teosófica de Adyar en la India preparaba para él, y que él rechazó para llevar una vida sencilla y normal como todo el mundo. Aun así no estaba yo ahora tampoco preparado para la sorpresa que me esperaba en sus páginas. Él hablaba y escribía con toda nitidez, sencillez, ecuanimidad, imparcialidad, sin ninguna retórica emocional ni aparato verbal; explicaba, no argüía; proponía, no defendía. Decía lo que claramente y convincentemente creía, y lo dejaba tranquilamente a la consideración de cada uno. Podía yo leer páginas y páginas en cualquier libro suyo sin sobresalto alguno, sin sustos, sin sacudidas, sin sorpresas, navegando en su prosa nítida como el fluir del Ganges, tranquila como sus aguas, a la vista del océano que espera en plenitud la llegada del pensamiento sobre las ondas. Por eso mismo la frase me cogió totalmente desprevenido. Nada me había preparado a la embestida. Pero allí estaba clara, breve, arrogante, insoslayable, inevitable. Sin preparación ni explicación ni justificación. Pero allí estaba el reto de la sentencia definitiva:

'La vida no tiene sentido, ni tiene por qué tenerlo.'

Casi me salté la frase sin pensar, pero hube de pararme y fijarme. Y volverla a leer restregándome los ojos. ¿Qué ha dicho? ¿Es posible que quiera decir eso? ¿Una persona tan seria como Krishnamurti? No puede ser. ¿Que la vida no tiene sentido ni tiene por qué tenerlo? ¿Puede ser eso verdad? Me he pasado toda mi existencia consciente buscando el sentido de la vida, y ahora me dicen, no solo que no tiene sentido, que eso ya lo he oído muchas veces a mucha gente, sino que encima no tiene por qué tenerlo, cosa que no había oído nunca y que resuelve negativamente la cuestión. No encontrarás el fin de la existencia sencillamente porque no lo tiene, y no lo tiene porque no tiene por qué tenerlo. Definitivo. Y me lo dice una persona tan ecuánime, tan educada, tan imparcial, tan desprendida intelectual y emocionalmente de cualquier efecto, impacto, impresión que puedan causar sus palabras como es Krishnamurti. No está tratando de convencer a nadie ni de defender una causa ni de fundar una filosofía. Simplemente cuenta lo que él ve y siente como evidente, y se queda tan tranquilo. Y a mí me deja con la perplejidad de entender de alguna manera y asimilar y reconciliarme con la frase que tengo ante los ojos.

'La vida no tiene sentido, ni tiene por qué tenerlo.'

Como punto de inflexión, un poco extremo. Mucha inflexión. Quizá demasiada. Más o menos 180 grados. Cambio radical. De vuelta de todo. En contra de todo lo que yo había pensado hasta hoy. ¿Pero va en serio? Menos mal que nunca me ha asustado el cambio y volví a leer la frase y me dejé a mí mismo pensar en ella. Al fin y al cabo, desde que el ser humano fue ser humano se ha propuesto la pregunta sobre el sentido de la vida, y ha dado tantas y tan variadas respuestas de un extremo a otro del abanico que quizá habría que pensar que ninguna encajaba del todo. Quizá el Principio y Fundamento de San Ignacio, que tanto nos entusiasmaba a mí y al marinero del padre Rickaby, tampoco les decía mucho a la mayor parte de la gente. Y quizá, y aquí comenzaba a asomar otra vez la idea del Dios Absoluto y el Dios Concreto, esta era la cuestión que habíamos venido tratando desde el Dios Concreto, mientras que ahora llegaba el momento de verla quizá desde la perspectiva del Dios Abstracto.

El Dios Concreto es el de las preguntas y las respuestas, el de las alabanzas y las quejas, el de las oraciones hechas y escuchadas (o no escuchadas), y a ese ámbito pertenece la búsqueda del sentido de la vida y su formulación decidida y exacta. Pero ya vamos viendo que de la cercanía y la familiaridad del Dios Concreto es bueno irnos abriendo y dejando llevar hacia la lejanía y el misterio del Dios Abstracto, y en ese terreno la búsqueda no acaba en hallazgo y la pregunta no tiene respuesta. Dentro de su sin-sentido todo parecía tener sentido. Había que seguir pensando. Y, en consecuencia de ese pensamiento, yo tenía que contrastar esta negación de sentido con una afirmación de sentido que bien sabemos ha hecho mucho bien a muchos desde un libro escrito en nuestros días por alguien con plena autoridad, experiencia, y sabiduría para hacerlo.

Víctor Frankl escribió su célebre libro 'El hombre en busca de sentido' que ha hecho mucho bien, empezando por su mismo título que subraya la empresa fundamental del hombre como la búsqueda de sentido, aunque el título de su obra original en alemán es sencillamente *'Ein Psychologe erlebt das Konzentrationslager'* (Un psicólogo sobrevive el campo de concentración), sin mención de la palabra 'sentido'. Su testimonio establece que quienes mantuvieron su convicción del sentido de la vida en el cautiverio de Auschwitz lograron sobrevivir. Eso parece ir en contra de Krishnamurti, pero también hay que verlo un poco más de cerca. En medio de su insistencia en el sentido de la vida, él nunca en toda su obra define cuál ha de ser o puede ser éste. Más bien indica que cada persona debe encontrar el suyo y que aun este sentido personal cambia según va cambiando la persona, y estas palabras suyas en ese mismo libro han de tenerse en cuenta desde un principio:

'El sentido de la vida difiere de un hombre para otro, de un día para otro, de una hora a otra hora. Así pues, lo que importa no es el sentido de la vida en términos generales, sino el significado concreto de la vida de cada individuo en un momento dado. No deberíamos buscar un sentido abstracto a la vida, pues cada uno tiene en ella su propia misión que cumplir, cada uno debe llevar a cabo un cometido concreto. Por tanto, ni puede ser reemplazado en la función, ni su vida puede repetirse; su tarea es única como única es su oportunidad para instrumentarla.'

(El hombre en busca de sentido, Herder, Barcelona 1988, p. 107)

De él dice su biógrafo Alfred Längle:

'Viktor Frankl lidió toda su vida con el problema de dar sentido al sufrimiento, es decir, con el descubrimiento de sentido pese al sufrimiento.'

(Viktor Frankl, Una biografía, Herder, Barcelona 2000, p. 172).

Dicho esto hay que narrar la experiencia central de Víctor Frankl en toda su extensión.

'Traigo ahora a la memoria lo que tal vez constituya la experiencia más honda que pasé en un campo de concentración. Las probabilidades de sobrevivir en uno de estos campos no superaban la proporción de 1 a 28 como puede verificarse por las estadísticas. No parecía posible, cuánto menos probable, que yo pudiera rescatar el manuscrito de mi primer libro, que había escondido en mi chaqueta cuando llegué a Auschwitz. Así pues, tuve que pasar el mal trago y sobreponerme a la pérdida de mi hijo espiritual. Es más, parecía como si nada o nadie fuera a sobrevivirme, ni un hijo físico, ni un hijo espiritual, nada que fuera mío. De modo que tuve que enfrentarme a la pregunta de si en tales circunstancias mi vida no estaba huérfana de cualquier sentido.

Aún no me había dado cuenta de que ya me estaba reservada la respuesta a la pregunta con la que yo mantenía una lucha apasionada, respuesta que muy pronto me sería revelada. Sucedió cuando tuve que abandonar mis ropas y heredé a cambio los harapos de un prisionero que habían enviado a la cámara de gas nada más poner los pies en la estación de Auschwitz. En vez de las muchas páginas de mi manuscrito encontré en un bolsillo de la chaqueta que acababan de entregarme una sola página arrancada de un libro de oraciones en hebreo, que contenía la más importante oración judía, el *Shema Israel*.

¿Cómo interpretar esa 'coincidencia' sino como el desafío para *vivir* mis pensamientos en vez de limitarme a ponerlos en el papel? Un poco más tarde, según recuerdo, me pareció que no tardaría en morir. En esta situación crítica, sin embargo, mi interés era distinto del de mis camaradas. Su pregunta era: «¿Sobreviviremos a este campo? Pues si no, este sufrimiento no tiene sentido.»

La pregunta que yo me planteaba era algo distinta. «¿Tienen todo este sufrimiento, estas muertes en torno mío, algún sentido? Porque si no, definitivamente, la supervivencia no tiene sentido, pues la vida cuyo significado depende de una casualidad —ya se sobreviva o se escape a ella— en último término no merece ser vivida».'

(El hombre en busca de sentido, Herder, Barcelona 1988, p. 112)

Y acaba así el libro:

'Nuestra generación es realista, pues hemos llegado a saber lo que realmente es el hombre. Después de todo, el hombre es ese ser que ha inventado las cámaras de gas en Auschwitz, pero también es el ser que ha entrado en esas cámaras con la cabeza erguida y el Padrenuestro o el *Shema Yisrael* en sus labios.'
(p. 128)

El *Shema Yisrael* es la oración que comienza,

'Escucha, Israel: Yahveh es nuestro Dios, solo Yahveh. Amarás a Yahveh tu Dios con todo tu corazón, con toda tu alma y con toda tu fuerza. Queden grabadas en tu corazón estas palabras que yo te mando hoy. Se las repetirás a tus hijos, se las dirás tanto si estás en casa como si vas de viaje, cuando te acuestes y cuando te levantes; las atarás a tu mano como una señal, como un recordatorio ante tus ojos; las escribirás en las jambas de tu casa y en tus puertas.'

(Deuteronomio 6:4-9)

La plegaria bíblica dio fuerzas a muchos para sobrellevar sufrimientos extremos y enfrentarse a la misma muerte. La fe es la mejor ayuda en el sufrimiento. La fe ha dado consuelo a los creyentes, ha acompañado a mártires al martirio, ha llenado conventos y consagrado catedrales, ha visitado hospitales y ha bendecido cementerios. San Pablo llegó a decir que se alegraba por sufrir porque le ayudaba a mostrar su amor por sus fieles y acercarse a Cristo:

'Me alegro por los padecimientos que sufro por vosotros, y completo en mi carne lo que falta a los sufrimientos de Cristo.' (Colosenses 1:24)

Pero aun en este texto, tan valiente y tan personal desde las cárceles de Roma con sus torturas en propia carne, Pablo no resuelve el problema del sufrimiento. Lo que hace es reemplazar un misterio por otro refiriendo nuestros sufrimientos al sufrimiento de Cristo. Pero si el sufrimiento del hombre es un misterio, el sufrimiento del Dios-Hombre es un misterio mayor todavía. Mis pequeños sufrimientos no son nada comparados a la Pasión de Cristo. A la que, por cierto, tampoco le falta nada. San Pablo no está resolviendo el misterio sino aceptando la realidad. No se trata de enfocar el problema con la luz del entendimiento sino de abrazar el misterio en la oscuridad de la fe. En nuestra terminología, no es materia para el Dios Concreto de las preguntas y respuestas, sino para el Dios Abstracto de la nube y la adoración. No se trata de definir filosóficamente el sentido de la vida sino de admitir que, al menos a nuestros ojos y por ahora, no lo tiene, y no merece la pena emplear nuestro tiempo en encontrarlo cuando se puede vivir perfectamente sin tenerlo. De hecho, renunciar a la búsqueda puede ayudarnos a vivir más intensamente la realidad antes de que se nos escape de las manos mientras le buscamos sentido.

Los matemáticos de la antigüedad se encontraron con un obstáculo que frenó por mucho tiempo sus avances en su ciencia. El número 'pi'. La relación de la circunferencia al diámetro. 3,141592... . Tan sencillo que la Biblia dice ingenuamente que es igual a 3, cuando prescribe las dimensiones del altar del Mar de Bronce que era el gran depósito de agua lustral para los ritos:

'Hizo [Salomón] el mar de metal fundido que tenía diez codos de borde a borde; era enteramente redondo, y de cinco codos de altura; un cordón de treinta codos medía su contorno. Su espesor era de un palmo y su borde era como el borde del cáliz de la flor de la azucena. Contenía dos mil medidas.'

(1 Reyes 7:23-26)

30 codos de borde, 10 de diámetro de borde a borde, y enteramente redondo nos da 30/10 = 3 como valor de pi. Eso les evitaría muchos quebraderos de cabeza a muchos estudiantes en muchos exámenes, pero no es exacto. La Biblia no es un manual de ingeniería. No es tan fácil. Quedaba muy bien para el Templo de Salomón pero no vale para cálculos de ordenador. Pi no es un número entero ni fraccionario ni racional ni irracional. Ninguno de esos. No entra en ninguna serie. Eso acabó con el progreso de las matemáticas griegas y árabes. Los matemáticos, de Pitágoras a Al Jwarizmi (de cuyo nombre viene nuestro término «algoritmo»), no salían de su asombro. Un número que no encajaba en ninguna de sus categorías. Allí se paró su discurso tan geométrico como sus teoremas hasta entonces. No encontraban el valor exacto de pi. No podían definirlo como número. No le encontraban 'sentido' a pi. Se atascaron.

En 1882 el matemático alemán Ferdinand von Lindemann demostró que el número pi no era la raíz de ningún polinomio con coeficientes racionales, y lo llamó 'número trascendental'. Es decir, que pi no era un 'número' como los que se habían manejado hasta entonces, y había que dejar de buscarle tres pies al gato. El mundo matemático exhaló un suspiro de alivio. Ya no había que buscar el valor exacto de pi en expresión de raíz de polinomio racional porque sencillamente no lo tenía. Se había demostrado. El gran descubrimiento de Lindemann fue, no el encontrar la expresión en polinomio racional de pi, sino el demostrar que no la tiene. Eso acabó con la perplejidad reinante y propició el salto adelante de las matemáticas modernas. Ya no había que perder el tiempo en buscar lo que no existía.

De vuelta en nuestro terreno, el caer en la cuenta de que algo no existe tiene al menos la ventaja de que dejamos de buscarlo. Después de siglos y edades de buscar, sentimos el alivio de saber que no hay que buscar. Admitir que la vida no tiene sentido nos libera de la búsqueda y nos permite disfrutarla día a día sin pararnos a definir destinos ni discutir alternativas. Puede resultar, casi irónicamente, que la afirmación de Krishnamurti no era en el fondo negativa sino positiva, no era derrota sino conquista, no era blasfemia sino adoración. Y también puede resultar, inesperadamente, que cuando Tony de Mello me decía a mí que dejase marcharse a la Biblia de mi vida, cuando Swami Sacchidánanda me proponía pasar de la familiaridad del Dios Concreto a la oscuridad del Dios Abstracto, y cuando Krishnamurti proclamaba que la vida no tiene sentido ni tiene por qué tenerlo, los tres, cada uno desde su perspectiva, cada uno a su manera y cada uno en su estilo, estaban diciendo una misma cosa y sentando un mismo principio. Contacto con la realidad, vivir el presente, estar dispuestos a cambiar, dejarse de explicaciones, demostraciones, definiciones, elucubraciones, librarse de pesos, prejuicios y condicionamientos, dejarse llevar por la vida, sonreír, caminar, vivir. Caminar es llegar.

Para mí eso fue toda una trayectoria vital. Desde el sentido de la vida como prueba y examen para merecer la eternidad, pasando por el 'alabar, hacer reverencia, y servir a Dios nuestro Señor' de San Ignacio, por el llevar a cabo el sueño de Dios sobre mí del editor hindú, y la actitud de vivir sencillamente el presente del Zen, hasta desembocar en la declaración inocente, original, reveladora y concluyente de que 'la vida no tiene sentido ni tiene por qué tenerlo', hay toda una peregrinación existencial, toda una cadena de puntos de inflexión, toda una emigración intelectual, afectiva, y emocional del Dios Concreto al Dios Abstracto, de la teología catafática a la apofática, del *Saguna Brahman* al *Nirguna Brahman,* que ha ido jalonando alegremente mi vida en continuidad ascendiente y gratificante. Cada etapa ha sido feliz, satisfecha, completa en sí misma hasta irse transformando suavemente y como por sí misma en la siguiente con un sentido de adelanto, de apertura, de conquista que ha mantenido el interés de la búsqueda y ha acompañado la trama como en una novela de intriga. Y en esa trama, la declaración de Krishnamurti me sonó a mí como una gran frase liberadora. Si la vida no tiene sentido ni tiene porqué tenerlo, no hay que preocuparse por nada, sino vivir el día a día con alegría, con entrega, con ilusión, y con una sonrisa traviesa al ver la cara tan divertidamente retorcida que ponen mis amigos cuando se lo digo. Más bien no son etapas distintas y seguidas una tras otra, sino todo un mismo camino único en su recorrido y diverso en sus paisajes que llena lo cercano y lo lejano, mis pasos y el horizonte, la tierra y la nube.

Por entonces leí 'Memorias del fuego (II): Las caras y las máscaras' de Eduardo Galeano, y en su primera página me encontré con unos versos a manera de cita introductoria de todo el volumen. Eran una breve cuarteta sin más. Pero me tocó. Me la quedé mirando. La volví a leer. Sonreí. Los versos eran un espejo de mi alma en aquel momento. Y ocurrió algo curioso a continuación. Yo no soy poeta ni he escrito poesía nunca, pero al leer aquellos cuatro versos se me ocurrieron en aquel momento otros cuatro a mí mismo, reflejo y conclusión de los que acababa de leer. Me vinieron espontáneos a la mente. Y son estos. La primera cuarteta que pongo aquí es la citada por Eduardo Galeano como introducción a su libro, y la segunda es la compuesta por mí en aquel momento:

'Yo no sé dónde he nasío,
ni tampoco sé quién soy.
No sé de dónde he venío,
ni sé para dónde voy.

Y así vivo yo feliz
en este mundo de quejas,
que a donde va mi nariz,
ahí le siguen las orejas.'

El autor cita la primera cuarteta como 'Copla popular de Boyacá, Colombia'. Por lo visto los campesinos de Colombia estaban cantando en sus coplas lo mismo que los filósofos de la India estaban escribiendo en sus tratados. Más sencillo y en verso. Y con música. Sabiduría popular, folclore castizo, enciclopedia de boca en boca. El nivel más alto del saber humano. Krishnamurti estaba en buena compañía después de todo. Y yo también. A todos nos alegran las coplas populares por todo el mundo. La segunda cuarteta, como digo, es mía, pero renuncio a derechos de autor.

DE CORINTIOS A EFESIOS

En los cuatro años que estudié en el seminario de Pune me tocó escribir tres tesinas. Una la he mencionado al hablar de mi diálogo con Swami Sacchidánanda. Mi trabajo sobre el décimo canto del *Bhagavata Purana*. En él se narra la vida de Krishna, encarnación de Vishnu sobre la tierra, con profundidad teológica y devoción acendrada, y es la más popular y querida de todas las escrituras sagradas indias. Hay alguna similitud superficial entre Cristo y Krishna. Semejantes ambos casi en nombre, en nacer a media noche de quien no los ha concebido de manera natural, en la matanza de los Inocentes por Herodes en un caso y por Kansa en el otro, en la huida a Egipto en un caso y a Gokul en el otro a través del río Yamuna, en los milagros y predicación, y en el 'belén' que se pone en Navidad en casas cristianas y el *'gokulgam'* en casas hindúes en Yanmáshtami con pastores y pastoras por los campos. Pero hay una diferencia esencial que fue el centro de mi estudio. Cristo, en dogma y teología cristiana, es verdadero Dios y verdadero hombre, mientras que Krishna, en la tradición hindú, es verdadero Dios pero no verdadero hombre. Es solo una apariencia de hombre *(kapata manushya)* que aparece, actúa, habla y obra como hombre pero no lo es en realidad. Por eso, cuando parece sufrir no sufre, y cuando parece gozar, no goza. Muchas veces hube de oír a hindúes bienintencionados admirarse de cómo Cristo –según ellos– estaba clavado en la cruz pero no sufría nada. Yo trataba de decirles que según nosotros sí que sufría porque era verdadero hombre, pero nunca lo aceptaban. Ese fue mi estudio en contraste. Lleva a importantes conclusiones teológicas.

La segunda tesina tiene más relevancia aquí. Se trataba de un estudio del matrimonio en san Pablo. Tomé citas de tres cartas paulinas en tres etapas de su historia (aunque bien sé que según los escrituristas las tres no vienen de la misma mano). La Primera Carta a los Corintios, de sus principios, la Carta a los Efesios escrita desde la cautividad de Roma, y la Primera a Timoteo cerca ya de su fin. Y documenté con ellas el cambio de opinión que san Pablo experimentó en esta materia a lo largo de su vida. Su primer enfoque en 1 Corintios no era muy prometedor:

'Bien le está al hombre abstenerse de mujer.' (7:1)

'Mi deseo sería que todos los hombres fueran como yo' (solteros). (7:6)

'A los solteros y a las viudas digo: Bien les está quedarse como yo, pero si no pueden contenerse, que se casen; mejor es casarse que abrasarse.' (7:8)

'¿No estás ligado a una mujer? No la busques. Mas, si te casas, no pecas.' (7:28)

No parece tener al matrimonio en mucha estima. 'Si te casas, no pecas.' 'Mejor es casarse que abrasarse.' No caería bien esa epístola como lectura en público en una misa de bodas. Sé bien por qué Pablo en sus principios apostólicos tomaba esa actitud tan negativa. Él estaba convencido que el fin del mundo estaba a la vuelta de la esquina. En esa misma carta dice: 'El tiempo es corto. Por tanto, los que tienen mujer, vivan como si no la tuviesen.' (7:29) Estaba seguro de que él estaría vivo cuando Cristo viniera a juzgar al mundo: 'Nosotros, los que vivamos, los que quedemos hasta la Venida del Señor, no nos adelantaremos a los ya muertos.' (1 Tesalonicenses 4:15) Faltaba poco tiempo para la parusía (la Venida), y cualquier día podía despertarse el mundo con la trompeta del ángel convocando a la humanidad al Valle de Josafat. Con esa perspectiva se entiende que Pablo no fuera un entusiasta del matrimonio. Era mejor aguantar un poquito y llegar al cielo virgen, que siempre daba ventaja (Apocalipsis 14:4).

Pablo se equivocó. Pasaron los años y el fin del mundo no llegaba. Su cautiverio en Roma le dio ocasión de revisar sus actitudes y apreciar la vida, y allí volvió a pensar en el hombre y la mujer, en la dignidad del sacramento que los une, en el amor y en la familia, y escribió con gran sentimiento a sus fieles de Éfeso una larga reflexión sobre el matrimonio en la que dice:

'Maridos, amad a vuestras mujeres como Cristo amó a la Iglesia.' (5:25)

'Por eso dejará el hombre a su padre y a su madre y se unirá a su mujer, y los dos se harán una sola carne. Gran misterio es este, y yo lo refiero a Cristo y a la Iglesia.' (5:32)

La palabra 'misterio' es la del original griego, y diversas versiones la traducen por 'sacramento' o 'símbolo'. En cualquier caso Pablo establece aquí un paralelo entre Cristo y la Iglesia por un

lado y marido y mujer cristianos por otro. No cabe más dignidad para la unión del hombre y la mujer en matrimonio que
compararla con la de Cristo y su Iglesia. Sacramento, misterio,
símbolo y realidad de unión íntima en expresión sagrada. Pablo,
'embajador en cadenas' como se llama a sí mismo al final de la
carta, ha llegado a apreciar la unión del hombre y la mujer en
matrimonio en toda su santidad y profundidad. Ha caminado
una buena distancia desde sus reticencias ante los corintios. Pero
aún le queda algo por decir.

Pablo sale de la cárcel, sigue viajando, sigue escribiendo, sigue
pensando, y llega a sus últimas cartas, las de su segunda cautividad romana, a Timoteo a quien deja para que continúe su tarea
después de haberle impuesto las manos, y allí aparece de nuevo
su actitud hacia el matrimonio, que ha vuelto a experimentar
otro cambio. La primera Iglesia cuidaba de las viudas y ayudaba
a las que quedaban sin apoyo. No era costumbre que las viudas
volvieran a casarse, pero a pesar de ello Pablo piensa en las viudas
jóvenes y tiene claro lo que quiere para ellas:

'Quiero que las viudas jóvenes se casen, que tengan hijos, y que
gobiernen su propia casa.' (1 Timoteo 5:14)

'Quiero que se casen.' Insólito hasta ahora en san Pablo. De
'si te casas no pecas' a 'quiero que se casen' hay toda una progresión intelectual y espiritual que marca la propia evolución del
pensamiento paulino. Principio, medio, y fin de su apostolado.
Corintios, Efesios, Tesalonicenses. Casi casi se puede hablar de
puntos de inflexión en la teología de san Pablo. El padre Clausen,
que dirigió mi trabajo, confirmó mi opinión aunque la suavizó
algo porque las viudas de las que Pablo habla en ese texto son
las jóvenes, con lo cual era algo paralelo a aquello de que 'más

vale casarse que abrasarse'; pero aun así era notable el cambio de 'deseo que todos sean solteros como yo' a 'quiero que se casen'.

Además, el desear que tengan hijos es algo enteramente nuevo en san Pablo, y ahí sí que había cambiado de opinión. Cuando al principio veía la Segunda Venida de Cristo como inminente no tenía sentido tener hijos, pero ahora al final de su vida, cuando por lo visto se retrasaba el fin del mundo, había que seguir con la raza humana y anima a las esposas a que tengan hijos. Eso era un buen cambio. Mi profesor añadió que ese cambio, precisamente en materia de matrimonio y sexo, bien podría servir de precedente para cambios en la legislación de la Iglesia en materia de moral matrimonial y sexual en tiempos venideros. Si Pablo cambió de opinión en su vida, bien podía la Iglesia cambiar de opinión en su historia. En todo caso, la disposición a cambiar de opinión y manifestarlo por escrito, aumentaba la sinceridad y la credibilidad de san Pablo. También hay que tener en cuenta que, según los comentaristas, san Pablo no escribía sus cartas de su puño y letra, sino que las dictaba, o incluso a veces dejaba que se las redactaran sus discípulos con sus ideas mientras él las firmaba. Siempre bajo la inspiración del Espíritu Santo. Eso explicaría el evidente cambio de estilo entre las primeras y las últimas cartas que llevan su nombre. Esa fue mi segunda tesina.

CITAR A JEREMÍAS

Mi tercera tesina fue la más interesante de las tres, y es la que me trae a un importante punto de inflexión. Por aquellos días había llegado a la biblioteca del teologado un libro de John A.T. Robinson, obispo anglicano de Woolwich, Inglaterra. El rector del seminario, conocedor de mi interés por san Pablo, me lo recomendó personalmente. El libro se llamaba sin más '*The Body*', (El Cuerpo), y era un estudio bíblico del punto central de la teología de san Pablo, que era precisamente ese, El Cuerpo. El Cuerpo Místico. Pablo era hebreo, no griego. Para los griegos el hombre era 'un alma encarnada', mientras que para un hebreo era 'un cuerpo animado'. El cuerpo es lo que nos relaciona con los demás, nos solidariza, nos une. Y cuando nos llegamos a Jesús en su encarnación y en su resurrección nos hacemos un Cuerpo con él y con todos los cristianos. Esa fue la visión que se le reveló a Saulo en el camino de Damasco, y en esa primera y fundamental revelación está toda su vida y su doctrina.

'Sucedió que, yendo de camino, cuando estaba cerca de Damasco, de repente le rodeó una luz venida del cielo, cayó en tierra y oyó una voz que le decía: «Saulo, Saulo, ¿por qué me persigues?»

Él respondió: «¿Quién eres, Señor?»
Y él: «Yo soy Jesús, a quien tú persigues».'
(Hechos 9:3-5)

Saulo perseguía a los cristianos, contra los que había pedido cartas del Sumo Sacerdote para poder llevar atados a Jerusalén a todos los que encontrara, y Jesús le dice, 'Yo soy Jesús, a quien tú persigues.' Al perseguir a los cristianos, Pablo estaba persiguiendo a Jesús mismo. Eso no se le había ocurrido a él, ya que él daba a Jesús por muerto. Y ahora de repente ve que Jesús está vivo y que al perseguir a sus discípulos lo está persiguiendo a él porque él es uno con sus discípulos. Esa intuición primera nunca dejó a san Pablo. Jesús es sus cristianos, y sus cristianos son Jesús. En esa identidad primordial está todo el pensamiento futuro de Pablo, toda su teología, toda su vida.

'Pues del mismo modo que el cuerpo es uno, aunque tiene muchos miembros, y todos los miembros del cuerpo, no obstante su pluralidad, no forman más que un solo cuerpo, así también Cristo.»
(1 Corintios 12:12-13)

Ese texto es tan repetido, y esa alegoría del cuerpo tan sabida, que nos perdemos lo que con ella quiere decir san Pablo. Y eso es lo que destaca y explica originalmente y concienzudamente Robinson. Nosotros entendemos la metáfora del cuerpo como un término para de alguna manera unificar a cosas o personas que son evidentemente distintas, como cuando hablamos de un cuerpo de ingenieros, de enfermeras, o de bomberos. Somos distintos, y de alguna manera nos relacionamos, y para eso empleamos el término 'cuerpo'. Pero ese texto de Pablo dice exactamente lo contrario. El dato primero, evidente, espontáneo, que salta a la vista para él es que todos somos uno en Cristo Resucitado, y para explicar y entender de alguna manera cómo parecemos ser distintos usamos la metáfora del cuerpo que siendo uno puede aún tener muchos miembros distintos. La intuición original de Pablo es la unidad en Cristo, y la aparente contradicción a explicar es la multiplicidad de personas. 'Del mismo modo que el cuerpo es uno…, así también Cristo.' El punto de partida es la unidad, y lo que hay que explicar es la diversidad. Y a eso viene la metáfora del cuerpo. Exactamente lo contrario de lo que solemos entender nosotros. La metáfora del cuerpo no está para explicar cómo todos a pesar de ser muchos somos uno, sino cómo a pesar de ser uno somos muchos. Lo que prima para san Pablo es la unidad en Cristo.

Todo esto no es rizar el rizo. Es dar importancia, evidencia, trascendencia al hecho de que todos somos Uno en Cristo, de quien la Iglesia 'recibe trabazón y cohesión por medio de toda clase de junturas que llevan la nutrición según la actividad propia de cada una de las partes, realizando así el crecimiento del cuerpo para su edificación en el amor.' (Efesios 4:15-16) La unidad de fieles, Iglesia, Cristo en un solo Cuerpo es el corazón de la fe cristiana, y de ahí se deduce toda la doctrina y todas las consecuencias que han de seguirse.

Yo conocía la encíclica de Pío XII *Mystici Corporis* que había aparecido por entonces y que trataba precisamente de este tema bajo el título tradicional de 'Cuerpo Místico', donde el adjetivo 'místico' es posterior y algo desafortunado, y desde luego no viene de san Pablo para quien el Cuerpo sin más era la realidad corporal, existencial, sustancial que todo lo llenaba, nada de místico. La encíclica acercó la teología de Pablo a los fieles, y a mí me atrajo poderosamente con su teoría y su práctica. Fue la preparación para que entrase el libro de Robinson en mi vida y me sacudiese como me sacudió. Voy a rescatar una pequeña anécdota con respecto a esta encíclica que merece la pena recordar antes de que se pierda en la historia. Es sabido que el papa Pío XII encargaba sus encíclicas a jesuitas, y esta la encargó a dos profesores jesuitas de la Universidad Gregoriana en Roma, el alemán padre Tromp y el español padre Zapelena. Los dos teólogos se pusieron manos a la obra, pero tenían formación, orientación y visión distintas y no estaban muy de acuerdo en las ideas que había que exponer y la manera de hacerlo. Cada vez estaban menos de acuerdo, y contaban sus compañeros de claustro que, aunque de necesidad ambos trabajaban en el texto de la encíclica, llegaron a negarse el saludo en los pasillos de la universidad (saludo que entonces consistía en quitarse educadamente el bonete que les cubría la cabeza al encontrarse) por sus diferencias en el modo de entender la unidad de todos los cristianos en Cristo. La encíclica quedó muy bien.

Yo viví, con el entusiasmo con que he vivido todo lo que he vivido, todos aquellos desarrollos de la teología espiritual en uno de sus mejores momentos. La imagen ideal de la Iglesia como Cuerpo de Cristo, tal como aparecía en la encíclica del papa, en el libro de Robinson, y en la abundante y fecunda literatura que se publicó aquellos años sobre el tema, establecía la unidad de todos los creyentes en Cristo con fuerza innegable y eficacia práctica.

'Si sufre un miembro, todos los demás sufren con él.
Si un miembro es honrado, todos los demás toman parte en su gozo.'
(1 Corintios 12:26)

Toda la espiritualidad y toda la responsabilidad del cristiano están ahí. Había una plena unidad, vitalidad, intensidad, en la vida común de todos bajo el vínculo de Cristo viviente en su sangre, su pensamiento, su amor que daba ánimos y grandeza a nuestra vida cristiana en todos sus aspectos. El conjunto orgánico visible y tangible de papa y obispos y sacerdotes y fieles con Cristo como cabeza, formando 'un solo cuerpo porque todos participamos de un solo pan' (1 Corintios 10:17) se prestaba a fervientes meditaciones, a lecturas continuadas, a conversaciones entusiastas, a sueños optimistas sobre la Iglesia 'sin mancha ni arruga' (Efesios 5:27), que es hogar y madre, que une y conecta, que está formada por todos nosotros en unidad indivisible desde el papa de Roma hasta el último bautizado en la pila, donde todos somos Uno y compartimos ideas y sentimientos, planes y trabajo, mente y corazón. Eso fue el centro de mi estudio sacerdotal, mi oración personal, mi fervor eclesial, mi alegría y mi fe durante aquellos años de formación religiosa, de estudios bíblicos y teológicos, del sacerdocio recibido y vivido en el entorno sagrado que todos nosotros formamos en la Iglesia. El 'misterio de piedad' (1 Timoteo 3:16), la Iglesia 'santa e inmaculada' (Efesios 5:27), la 'plenitud de Cristo' (Efesios 1:23), El Cuerpo. La perfecta unidad de todos en Cristo Jesús. Unidad ideal.

Pero esa unidad ideal se rompió. Y este fue un agudo y penoso punto de inflexión para mí. Ya he mencionado la ocasión, que fue la encíclica *Humanae Vitae*, y las consecuencias que tuvo para toda la Iglesia. También he mencionado que la encíclica no me afectó en el momento de su publicación debido a que yo estaba en la India entre hindúes y musulmanes y parsis y jainistas a quienes no preocupaban las encíclicas del papa. Fue más adelante, en mis primeras visitas de vuelta a España, cuando oí, leí, descubrí, y palpé la falla tectónica que se había abierto en la Iglesia entre la autoridad eclesiástica a un lado y la práctica mayoritaria al otro. La unidad atesorada y acariciada del Cuerpo quedaba rota por la herida abierta entre quienes mandaban y quienes respetuosamente veían y sentían que no estaban obligados a obedecer. Y eso en un tema fundamental y universal como era el del sexo y el matrimonio.

El sexo es un elemento importante en la vida de todo hombre y toda mujer, y la moral sexual actual de la Iglesia católica quedaba sin ser aceptada en general en la práctica por los católicos. Se rompía la unidad. Eso me dolía a mí con mi entusiasmo por El Cuerpo, mis lecturas paulinas, mis citas bíblicas acariciadas, atesoradas, repetidas, meditadas, predicadas, mis Efesios y Corintios y Romanos y Colosenses. Quizá yo tenía una idea demasiado idealizada de la Iglesia y esa no resistió el choque con la realidad. Quizá una cosa eran las epístolas de san Pablo que yo estudiaba palabra por palabra en su original griego a solas en mi habitación y en mi reclinatorio, y otra los documentos que llegaban de Roma desde un entorno lejano en geografía y en mentalidad. Quizá una cosa era el ideal y otra la realidad. Pero aun sabiendo y aceptando todo eso quedaba y queda la fisura honda en el seno de la Iglesia. Y eso duele.

Hemos creado una juventud que grita entusiasmada, '¡Viva el papa!', pero luego no parece hacerle hace mucho caso en su conducta. Que vitorea sus discursos pero no lee sus encíclicas. Que se cuida mucho de los problemas ambientales pero poco de los eclesiales. Hemos organizado misas de masas televisivas y mediáticas en plazas y estadios seguidas de iglesias vacías el domingo siguiente en las parroquias circundantes. Después de una visita del papa a Madrid con una Eucaristía multitudinaria en la Plaza de Colón, el párroco de una iglesia en el entorno, al decir misa el domingo siguiente ante bancos vacíos con solo unas pocas personas mayores en los primeros puestos, preguntaba retóricamente al saludar al puñado de fieles al comienzo de la Eucaristía: '¿Dónde están los jóvenes del domingo pasado? ¿No tiene la santa misa el mismo valor hoy que hace una semana? ¿No prometieron que habría un antes y un después de la visita del papa? Tengamos presentes a todos los ausentes mientras nosotros celebramos esta santa misa. En el nombre del Padre....'

Hemos exhortado a los jóvenes a que no tengan sexo hasta que se casen, cuando ellos consideran el sexo como una de las áreas principales en que tienen que conocerse antes de casarse. Hemos mandado a los padres que preparen a sus hijos para la primera comunión, y les hemos prohibido recibirla con ellos si es que se han divorciado y vuelto a casar. Hemos reconocido que el cuidado de lo hijos en nuestra compleja era requiere amplio tiempo y recursos, y hemos dificultado la tarea prohibiendo el uso de medios probados para limitar su número. Les hemos dicho a los homosexuales que están llamados a la castidad (Catecismo 2359) cuando bien sabemos que no es así como ellos se ven y se sienten. Con lo cual los jóvenes, los divorciados, los casados, y los homosexuales dejan de frecuentar los sacramentos, y sin sacramentos no hay vida cristiana. Y sin vida cristiana no hay Iglesia.

Una madre de familia cristiana y amiga se me acercó un día y me dijo algo que me sorprendió de entrada y hubimos de aclararlo en diálogo:

- ¡Felicítame, Carlos!
- Felicidades, M. Y un beso.
- Gracias, y otro.
- Ahora ¿puedes decirme por qué te he felicitado?
- ¿No te lo imaginas?
- No.
- ¡Porque me ha llegado la menopausia!
- ¿Y eso?
- No me dirás que no sabes lo que es.

- Lo sé, y por eso mismo me extraña. Yo creía inocentemente que eso de cesar la regla os traía problemas a las mujeres y cambios hormonales y qué se yo qué, y que era una especie de certificado que habéis cumplido años y eso no os suele gustar a ninguna.

- ¡Tonto!

- Que soy tonto ya lo sé, y me ayudará saber en qué soy tonto esta vez en concreto para luego corregirme o para reírme con ello.

- ¿Pero no ves qué suerte tengo?

- ¿¿¿???

- ¿No ves que ahora ya no tengo que confesarme para ir a comulgar?

- Ya. Claro, claro. Sí, sí, es verdad. Déjame ver. Ya lo veo. Tienes razón. No había pensado en eso. Y no me lo digas. Eso ya sé de qué va.

- Como tú no tienes tres hijos como yo…

- Ya lo entiendo.

- Ya lo entiendes.

- Tu confesor te va a echar de menos.

- Se pierde un cliente.

- Felicidades otra vez, cariño.

- Y otro beso.

-

Otro diálogo, este con un amigo que en uno de esos días en que sin pedirla surge la confidencia, me cuenta sus experiencias en su matrimonio:

- ¿Sabes por qué fracasó mi primer matrimonio?

- Empiezo por no saber que éste era tu segundo.

- Es que mi primero duró muy poco. Fue cuestión de meses. Tú no me conocías entonces.
- Si fue cuestión de meses tuvo que ser fuerte el motivo de la separación.
- Por lo menos no fue de los corrientes.
- Creo que he oído muchos.
- Pues este, no.
- Tú dirás.
- Yo era virgen cuando me casé.
- ¿Y tu novia, acaso…?
- Mi novia también era virgen.
- Cualquiera diría que era la situación ideal.
- Pues no lo fue. No creas que los principios son siempre agradables. Como ninguno de los dos teníamos experiencia previa, y encima con la boda y la tensión y los preparativos de viaje, nos armamos un lío, nos acomplejamos los dos, nos echamos la culpa mutuamente, nos alejamos, primero corporalmente y luego moralmente, y pronto nos separamos.
- Por lo visto la primera experiencia puede ser traumática.
- En nuestro caso lo fue. Para ambos.
- Por eso recomendarías tenerla antes del matrimonio.
- Desde luego. Mira mi segundo matrimonio. Yo ya tenía experiencia y ella también.
- Y lleváis muchos años.
- Y llevaremos. Nos va muy bien.
- Lo sé por lo que os conozco.
- Pues ya sabes lo que nos ayudó a ello.
- Aunque no se pueda poner en los manuales de preparación al matrimonio que yo manejo.
- Por eso te lo he contado yo.

En nuestra comunidad de jesuitas solemos tener una reunión cada mes, de ordinario el tercer jueves de mes a las 20 horas, en la que alguno de nosotros presenta algún tema bíblico o pastoral ante los demás. Un día nos habló a todos un jesuita que había venido del Brasil donde dirigía una institución de lucha contra el Sida. En su presentación mencionó, de paso, que ellos mismos proponían y distribuían el preservativo como prevención contra la enfermedad. Fui yo quien, en las preguntas del final, levanté la mano y le pregunté por curiosidad y con delicadeza si conocían la prohibición del preservativo por el Vaticano y cómo ajustaban su actitud. Me respondió públicamente: 'El Vaticano está en Roma, y nosotros en Río de Janeiro.' Cuestión de geografía, por lo visto.

Cuando la Congregación General de los jesuitas se reunió en Roma en 2008 para elegir un nuevo Padre General, el papa Benedicto XVI dirigió primero una carta al General saliente, y luego recibió en audiencia especial a todos los padres congregados ante quienes pronunció un largo discurso. La carta y el discurso están llenos de sincero aprecio y alabanza por la gran obra llevada a cabo en la historia y en nuestros días por la Compañía de Jesús. Son párrafos elocuentes y sinceros que alegraron el corazón de todo jesuita al leerlos. Al final, tanto de la carta como del discurso, el papa mencionó también los puntos en que deseaba los jesuitas examinasen su conducta y corrigieran algo si había que corregir. Esta admonición daba precisamente más autenticidad y credibilidad a las alabanzas que la precedían, y así es como debe tomarse. Este es el párrafo correspondiente de la carta del papa:

'La obra evangelizadora de la Iglesia cuenta, por tanto, mucho con la responsabilidad formativa que la Compañía tiene en el campo de la teología, de la espiritualidad y de la misión. Y, precisamente, para ofrecer a toda la Compañía de Jesús una clara orientación que la sostenga en una dedicación apostólica generosa y fiel, podría resultar muy útil que la Congregación General reafirme, en el espíritu de San Ignacio, la propia adhesión total a la doctrina católica, en particular sobre puntos neurálgicos hoy fuertemente atacados por la cultura secular como, por ejemplo, la relación entre Cristo y las religiones, algunos aspectos de la teología de la liberación y varios puntos de la moral sexual, sobre todo en lo que se refiere a la indisolubilidad del matrimonio y a la pastoral de las personas homosexuales.'

(Carta de Benedicto XVI al P. Kolvenbach, 10 Enero 2008, 6)

Una cosa me llamó la atención en ese importante párrafo. La expresión 'sobre todo' al tratar de la moral sexual. La mención de la moral sexual en documentos vaticanos evoca de ordinario los temas de las relaciones prematrimoniales, la píldora, el preservativo, el divorcio, la homosexualidad. El papa aquí menciona solo el divorcio y la homosexualidad como importantes 'sobre todo' entre otros 'varios puntos de la moral sexual' que suelen ser los que acabo de mencionar. En los documentos vaticanos cada palabra está pensada y escogida, y por eso choca algo ese 'sobre todo'. Como si las otras ofensas no tuvieran tanta importancia. Es verdad que unas pueden ser más 'graves' que otras, aunque en clase de teología moral, nuestro profesor, el jesuita belga padre Criem, nos explicaba que en materia de sexo no había *parvitas materiae* (parvedad de materia, como por ejemplo en el robo en el que robar una cantidad pequeña es pecado venial, y una cantidad grande es pecado mortal), ya que no había (decía intentando humor) masturbaciones pequeñitas y masturbaciones grandecitas. Casuística aparte, extraña que el papa en su carta a los jesuitas mencione solamente por nombre el divorcio y la homosexualidad. El Vaticano mide sus palabras, y es permisible conjeturar que la omisión deliberada de la mención expresa de la píldora y el preservativo pudieran indicar cierta apertura inicial en ambos casos. Cabe esperar siempre con paciencia y con respeto.

La respuesta de la Congregación General al papa está contenida en su primer decreto que lleva el nombre: 'Con renovado impulso y fervor. La Compañía de Jesús responde a la invitación de Benedicto XVI.' Cita las palabras mismas del papa sobre 'la salvación de todos los hombres en Cristo y la moral sexual en el contexto de la realidad contemporánea', y añade a continuación:

'Por eso, cada jesuita es invitado a reconocer humildemente sus errores y sus faltas, a pedir al Señor gracia para vivir la misión y, si fuera necesario, a impetrar la gracia de su perdón.' (15)

Recojamos fielmente esa delicada invitación.

A ES A

Por si estos puntos de inflexión no fueran bastantes, aún me queda el más agudo. El mayor y, como tal, el último punto de inflexión en reseñar aquí, ya que en cierta manera los incluye a todos y los explica a todos, pasados, presentes y futuros, y abraza en su amplia y bella curva todas la inflexiones de una larga trayectoria, abierta y atrevida, por las tierras y las ideas de la vida. Van muchos y van serios puntos de inflexión que han ido cambiando rumbos, descubriendo paisajes, combinando extremos, retando a posturas, provocando asombro, dando vida a mi vida. Parece que no habría mucho más que esperar en puntos de inflexión. Pero aún me queda el último, no cronológicamente pero sí en importancia, el mayor sin duda, y, el que en cierta manera los incluye a todos y los explica a todos, pasados, presentes, y futuros, y abraza en su amplia y bella curva todas la inflexiones de una larga trayectoria, abierta y atrevida, por las tierras y las ideas de la vida. Nada más y nada menos. Por mucho que parezca.

Como europeo que soy, mi equipo mental viene de Aristóteles a través de Santo Tomás de Aquino, Descartes, Newton, y Kant. Hegel intentó dejar de lado a Aristóteles, pero sin éxito. Todos en el occidente somos hijos de Aristóteles, lo sepamos o no, y nos guste o no nos guste. Nuestra manera de pensar, nuestros principios, nuestra lógica vienen sencillamente de su 'Metafísica', su 'Ética', su 'Poética', y su 'Retórica' en letra y en espíritu aunque nunca las hayamos leído. Aunque no hayamos construido un solo silogismo en nuestra vida, nuestra mente sabe sus reglas, y es evidente de toda evidencia que 'Todos los hombres son mortales; es así que Sócrates es un hombre; luego Sócrates es mortal.' Y no hay más que hablar.

Los tres principios que forman la base de la pirámide aristotélica son bien conocidos:

> Principio de identidad: El Ser es el Ser.
> Principio de contradicción: El Ser no es el No Ser.
> Principio del tercero excluido: Todo lo que existe es Ser o No Ser.

Si eso suena demasiado poético podemos expresar los mismos principios en términos gramáticos:

> A es A.
> A no es No A.
> Todo lo que existe es A o No A.

El jueves es el jueves. El jueves no es el no-jueves. Sea cual sea el día de la semana, será o jueves o no-jueves. No parece muy excitante. Ni muy práctico. Pero lo es. Desde el diálogo informal con un amigo en la calle hasta al alegato arrebatado de un abogado ante el juez, todo nuestro pensamiento y nuestro lenguaje están basados en esos principios. Decirle a alguien, '¡te contradices!' es citar a Aristóteles. Y decir, '¡niego la mayor!' es saludar a un silogismo. La maravilla es que de esos tres principios nace, se desarrolla, se levanta todo el edificio arquitectónico del pensamiento occidental ladrillo a ladrillo, premisa a premisa, conclusión a conclusión, en toda la solidez de su firmeza y toda la maravilla de su belleza. Si eso es ser hijos de Aristóteles, nos honra el serlo. Herencia permanente y de por vida para entender el mundo y entendernos a nosotros mismos.

Con esa mentalidad llegué yo a la India sin sospechar ni de lejos lo que allí me esperaba. Aprendí lenguas, leí libros modernos y textos antiguos, navegué por el poema épico en sánscrito del Mahabhárata, llegué en él a la joya del *«Bhágavadguita»* que se presta a meditar cada verso y filosofar sobre cada palabra, y allí, en la llanura de Kurukshetra, en la víspera de la batalla entre Káuravas y Pándavas, en la soledad armada de la carroza de combate cuyo valiente guerrero era Aryuna, y cuyo auriga era nada menos que el mismo dios Krishna en persona, escuché las palabras que explican en rítmicos versos la batalla que es la vida y el enigma metafísico que es la existencia humana con los acentos cósmicos y los destellos místicos del «Cántico del Señor», que es lo que significa el nombre del poema. Y allí fue donde leí con ojos abiertos y corazón palpitante:

'El Señor de los Señores habló:
«Oh Aryuna,
Yo doy luz y sombra como el sol,
Yo envío la lluvia y la retengo,
Yo soy la inmortalidad y la muerte,
El Ser y el No Ser soy Yo».'
(9:19)

«El Ser y el No Ser soy Yo.» La esencia *(sat)* y la nada *(asat)*. La verdad (otra vez *sat*) y la falsedad (*a-sat* con la 'a' privativa de la 'no verdad'.) Todo y nada. Sí y no. A y No A. Ser y No Ser. Ese soy Yo. Tan claro y tan sencillo. Tan positivo y tan definitivo. En el campo de batalla de la vida entre guerreros enfrentados, en medio de la lucha entre la vida y la muerte. El Ser y el No Ser. Ambos una misma cosa en el Señor. Con el bueno de Aryuna escuchando fielmente esa lección magistral de filosofía a punto de entrar en batalla. El golpe me hirió de frente. Todo el edificio de mi lógica quedó derrumbado en un segundo. Se acabó el Principio de Contradicción. ¡Adiós Aristóteles!

Mi primera reacción cuando me recobré del golpe fue de admiración profunda y de curiosidad intensa por la realidad india. ¿Cómo podía todo un país, toda una civilización, una historia larga y noble de millones de gente, mis amigos y mis vecinos y la población entera de la India vivir tan feliz y tranquila sin el Principio de Contradicción? ¿Cómo podían pensar, hablar, escribir, sobrevivir? ¡Iba a resultar que el tal Principio no era tan necesario después de todo! Me sonreí con incredulidad a mí mismo y me fui a pasear por la calle, llena de gente como todas las calles en cada momento en cada ciudad de la India, y miré a la gente que iba y venía tan contenta hablando, mirando, comprando y vendiendo, sonriendo y riendo como si tal cosa. Y todos ellos, ¡oh maravilla de maravillas!, no creían en el Principio de Contradicción. Y por lo visto nadie lo echaba de menos. Me entraban ganas de ir acercándome a peatones inocentes, pararlos, saludarles con las manos juntas ante el pecho como se hace en la India, y luego preguntarles cómo se las arreglaban en sus vidas sin el Principio de Contradicción, cómo se reconciliaban con el hecho de que A podía ser No A, el Ser podía ser el No Ser, cómo podían vivir sin Aristóteles. Me imaginaba que me inclinaba yo ante cada uno de ellos, tocaba el polvo de sus pies como hacen ellos en señal de respeto y les pedía su bendición, mientras repetíamos juntos el verso del Guita, 'El Ser y el No Ser soy Yo.' ¡Bendito país!

Esto era otro mundo. Yo había tocado fondo y lo sabía. Todo lo demás, todas las otras diferencias entre oriente y occidente, todo matiz y todo choque venía de allí; toda actitud, toda creencia, toda conclusión, toda opinión quedaba marcada por esta divergencia esencial, fundamental, eterna. Era verdad que había un abismo entre oriente y occidente, y ese abismo llegaba hasta las profundidades del pensamiento humano aunque no apareciera en la superficie. En occidente el Ser nunca es el No Ser; en el oriente, siempre lo es. Por fin lo sabía. El Ser y el No Ser soy Yo.

Sorpresa tras sorpresa. Ahora fue mi propia formación matemática la que me dio el siguiente golpe. En la matemática moderna el «Principio del Tercero Excluido» sencillamente se hace a un lado. Su lógica tradicional es la binaria, sí o no, verdadero o falso, ser o no ser, pero Tarski presentó una lógica ternaria cuyas leyes eran tan perfectamente consistentes como las de cualquier otra lógica. Sí, no, sí-no. Verdadero, falso, probable. Positivo, negativo, indefinido. Arriba, abajo, en medio. Y de ahí a lógicas multivalentes no hay más que un paso. El universo de la lógica ya no es blanco y negro. Puede ser todo un arco iris. Algo así como tampoco hubo por muchos siglos más que la geometría euclidiana de Euclides, pero luego vino Riemann y creó la geometría riemanniana, y Lobatchewski que creó la lobatchewskiana, y todos tan contentos. Hasta que venga otro matemático con un nombre más difícil todavía y se invente otra y nos haga pronunciarla. En la primera de esas tres geometrías se puede trazar siempre una y solo una paralela a una recta por un punto exterior a ella, en la segunda no se puede trazar ninguna, y en la tercera se pueden trazar todas las que se quiera. Y las tres geometrías funcionan. Chesterton propuso en inglés: *'How convenient would it be to have a word between «yes» and «no»! I propose in English the word «yo» joining both of them. Do you want to come for a walk? Yes...,*

no..., yo! Problem solved.' '¡Qué útil sería tener una palabra entre
«sí» y «no»!' En español habría que combinar Sí y No para formar
'So'. Pero ya se usa para parar a los burros. ¡Sooo! Quizá también
eso sea significativo.

Por si esto no queda claro, cito un texto de uno de los grandes maestros del budismo antiguo, Sanyayin Vairattiputra, que
contestó así a la pregunta del rey Ayatshatru sobre si había otra
vida después de esta vida o no:

'No puedo decir que la haya;
no puedo decir que no la haya;
no puedo decir que la haya y no la haya al mismo tiempo;
no puedo decir que no la haya y no haya «no la haya» al
mismo tiempo.'
(Nirvana Sutra, 115)

No se puede pedir más. Aunque no sabemos qué cara puso
el rey Ayatshatru cuando el capellán de su corte le declamó esta
respuesta. O si lo despidió. O si le subió el sueldo. De todos
modos Aristóteles también quedaba fuera de esto.

Para alegrar un poco tanta metafísica voy a contar un cuento
sapiencial del oriente que parece basarse también en la lógica
ternaria con consecuencias en la vida diaria.

El dueño de un campo se presentó un día al sabio Mulá Nasrudín y
le mostró los documentos que demostraban que el campo era suyo y no
de otro contrincante que también lo reclamaba. Nasrudín los examinó
y concluyó: 'Tienes toda la razón.' Más tarde, el otro contrincante fue
al Mulá con documentos claros y decisivos que le daban la propiedad
del mismo campo a él. El Mulá los vio y le dijo: 'Tienes toda la razón.'

Su mujer había estado presente en ambas ocasiones y había oído todo. Cuando se quedó a solas con él, le protestó: 'Le dices a uno que el campo es suyo, y al otro que también es suyo. ¡Eso es absurdo!' Y Nasrudín le contestó tranquilamente: 'Tienes toda la razón.'

La lógica ternaria puede ser muy práctica. De hecho, tanto la matemática moderna como la física moderna usan un lenguaje que se parece más al del Buda que al de Aristóteles. Partículas que son ondas, y ondas que son partículas. O ni una cosa ni otra. Antimateria y agujeros negros. Y blancos. Fuerza fuerte, fuerza débil, y fuerza neutra. Gravedad, antigravedad, y gravedad cero. Los descubrimientos científicos tardan en llegar al lenguaje común, pero se van infiltrando poco a poco y van cambiando nuestro modo de pensar y de actuar. La herejía de ayer es el dogma de mañana. Las palabras moldean la conducta.

Con esto quedaban liquidados el Principio de Contradicción y el Principio del Tercero Excluido. Pero aún quedaba el primer pilar de Aristóteles en su sitio. El Principio de Identidad. A es A. El Ser es el Ser. Aquello era imbatible e indestructible. Sea lo que sea y pase lo que pase, A es A y sigue siendo A, y no podría ser de otra manera. O al menos así parecía. Pero su día le llegó también al Principio de Identidad. Con paciencia, curiosidad, y apertura mental todo va llegando en la vida. La gran escritura sagrada del budismo mahayana, el *Vayracchédika Pragnaparámita Sutra,* contiene la siguiente joya:

'El *dharma* que es el *dharma,* ya no es el *dharma.'*
(6)

Dharma es una gran palabra sánscrita. Significa naturaleza, esencia, deber, regla, norma, ley, justicia, religión. Es decir, A.

El A que es A ya no es A. La palabra y su sentido, como la cosa misma que representa, es activa, crece, tiene energía y vida, y si queda encerrada en un molde único y estático en un diccionario deja que ser lo que es; y la naturaleza que no cambia deja de ser naturaleza, y la religión que no cambia deja de ser religión. Si se para al electrón en su carrera para medir su velocidad y su masa, el electrón deja de ser lo que es, pues su masa y su velocidad cambian en cada instante en su carrera y ese cambio es su mismo ser. El Ser que queda definido como el Ser, deja de ser el Ser. El A que es A, ya no es A. La vida no es estática. La verdad no es una piedra. El Ser no es solo Ser.

'El pájaro, cuando le das un nombre, deja de volar;
la flor, cuando le das un nombre, se marchita.'
(Krishnamurti)

El año 1966 asistí al 'Congreso Universal de los Matemáticos' que se celebra cada cuatro años, y aquel año tocaba en Moscú. La conferencia inaugural la tuvo Michael Artin, hijo de Emil Artin cuyo texto de 'Teoría de Grupos' había estudiado y enseñado yo en mis clases con gratitud por su claridad y detalle. Y el hijo había heredado la inteligencia matemática de su padre. Habló durante una hora sin que los oyentes entendiéramos mucho de lo que estaba diciendo, pero dos cosas se me quedaron grabadas. Nos dijo que él dedicaba doce horas cada día al estudio de las matemáticas 'solo para estar al tanto de lo que se va publicando en la materia de mi especialidad'. Su especialidad era geometría algebraica. Y al final añadió: 'Las matemáticas modernas se han hecho tan complicadas que todos los teoremas importantes son falsos, y todos los teoremas verdaderos son inútiles.' A mi lado estaba sentado un matemático que había conocido a su padre y me dijo al oído: 'Si le oye su padre le pega una bofetada.' Pero todos le aplaudimos debidamente.

Fermat propuso su célebre teorema a mediados del siglo XVII, pero sólo el enunciado sin prueba, añadiendo únicamente que en el margen no había sitio suficiente para escribirla y que ya la explicaría luego. Y murió al día siguiente. Matemáticos de todos los países se esforzaron durante dos siglos y medio por probarlo, pero nadie lo lograba. Lo probó por fin Andrew Wiles en 1995, y la noticia llegó a todos los ámbitos, hasta al servicio postal de los Estados Unidos que imprimió un sello para la efeméride. Cuando el sello ya estaba en circulación, y la prueba de Wiles había sido reproducida en todas las revistas de investigación del ramo, Richard Taylor descubrió que la prueba era falsa. Afortunadamente, él mismo pudo reparar el error de la prueba, y el que antes se llamaba 'El último teorema de Fermat', se llama ahora 'el Teorema de Wiles-Taylor'.

Otro teorema que esperaba en la historia era el fácil de enunciar y difícil de probar teorema de los cuatro colores: «Para colorear un mapa de tal manera que dos países no tengan en común una frontera del mismo color bastan cuatro colores.» Fue probado al fin por Kenneth Apple y Wolfgand Haken en 1976, pero lo hicieron con la ayuda de un complicado programa de ordenador. Como no se puede verificar si el ordenador se ha equivocado o no, el teorema no ha sido aceptado por todos los matemáticos.

Yo tuve una pequeña experiencia cuando empezaban las calculadoras, que justifica la desconfianza del cálculo electrónico. Un alumno mío había hecho un cálculo en su calculadora que contradecía abiertamente a una fórmula matemática cierta. Le dije que no podía ser y repetí con él el cálculo en mi calculadora. Salió lo mismo que le había salido a él. Yo tenía que defender en conciencia a las matemáticas frente al aparato, y por fin se me ocurrió la salida. Le propuse al alumno, que por cierto fue luego el número uno en su promoción, Yayavadan Patel, que hiciésemos ese cálculo a mano él y yo por separado, con lápiz y papel. Lo hicimos. El resultado nos salió el mismo a los dos. Y era diferente del resultado de la calculadora. ¿Qué había pasado?

La calculadora es un instrumento muy útil, pero sus cálculos en fórmulas complicadas no son exactos, son aproximados. La aproximación puede ser tan aproximada como se quiera, pero no es exacta. Eso no suele ser obstáculo de ordinario, pero cuando las mínimas inexactitudes de cálculo se suman en vez de cancelarse unas a otras, pueden causar problemas. Y eso había pasado. De modo que ni los instrumentos de nuestro cálculo matemático son de fiar ni las mismas matemáticas lo son. Y si eso pasaba en las matemáticas, pasaba en todo. Se desmoronaba mi edificio mental aristotélico. Se cuarteaba el fundamento de toda lógica y del orden filosófico del universo. Se cambiaba todo. Algo me consoló la definición que el matemático Bertrand Russell daba de las matemáticas: 'Las matemáticas son la ciencia en la que no sabemos lo que decimos, y no nos preocupamos si lo que decimos es verdad.' Mis alumnos estaban perfectamente de acuerdo con eso.

Un recordado y apreciado compañero mío, el padre Joaquín Pérez Remón, de gran inteligencia y algo exagerado celo religioso, era profesor de sánscrito en la Universidad de San Javier en Ahmedabad en la India donde yo enseñaba matemáticas. Un día al salir de nuestras respectivas clases nos encontramos en el pasillo, y él se desahogó abiertamente allí mismo conmigo de la experiencia que acababa de tener en clase y de la que salía muy excitado. Me dijo: 'Hoy, en mi clase, aprovechando que me tocaba explicar las ideas del filósofo panteísta Shankaracharya, les he demostrado con los más claros y evidentes silogismos

aristotélicos en cadena que el hinduismo es una religión falsa…
¡pero todos se han quedado tan tranquilos! Han salido felices y
contentos de clase, hablando y riendo como si tal cosa. ¿A ti te
cabe eso en la cabeza?' A mí sí. Traté de explicarle a Joaquín que
su celo evangélico era un poco exagerado, y que sus alumnos
seguían una lógica no aristotélica. Al éste de Suez no funcionan
los silogismos. Lo que sí funciona siempre es la sonrisa. Por cierto, su excesivo celo misionero de refutar el hinduismo en clase
se hizo público por las protestas de sus discípulos, y llevó a una
revuelta popular en la ciudad contra nosotros hasta que toda
una muchedumbre vino a prender fuego a nuestra universidad
católica de San Javier. Nos salvó a tiempo la policía. Y el padre
Pérez Remón volvió a España.

Bertrand Russell dijo una vez entre amigos que si un sistema
lógico admite una contradicción, las admite todas. Un interlocutor le desafió: 'Entonces pruebe usted que si «uno» es igual
a «cero», usted es el papa.' Russell respondió en el acto: '1 = 0.
Sumamos 1 a cada lado de la ecuación. 2 = 1. El papa y yo somos
dos, pero dos es igual a uno, luego yo soy el papa.' Cualquier
cosa se sigue. Libertad absoluta. O caos absoluto. En todo caso la
caída en mi mente de los tres primeros principios de Aristóteles
fue un punto de inflexión fundamental en mi vida que de alguna
manera incluye a todos los demás.

Todo lo que se puede probar con silogismos es falso. Esta
proposición también puede probarse con silogismos.

LEONES RUGIENTES

Es aparentemente contradictorio que la declaración 'Yo soy el Ser y el No Ser' venga de Krishna ya que Krishna pertenece evidentemente al ámbito del Dios Concreto, mientras que la declaración 'Yo soy el Ser y el No Ser' es puro Dios Abstracto. Krishna es la encarnación humana de Vishnu, el niño travieso que de pequeño robaba mantequilla de la despensa de su madre, y de joven les escondía los vestidos a las pastoras cuando se bañaban desnudas en el río y las esperaba sentado a que saliesen. Se le representa tocando la flauta, con una pluma de pavo real en el pelo y una guirnalda de flores colgando del cuello sobre el pecho. Es el Dios de la devoción en el hinduismo, del amor, de la amistad, de la oración y la petición, de la confianza y la alabanza, el Dios Concreto y Adolescente en toda su cercanía, familiaridad, intimidad. Objeto de devoción y de arte en la poesía, la pintura, la arquitectura en todos los templos y todas las lenguas y todos los corazones de la India.

Pero él sabe muy bien que todo lo que es concreto, palpable, humano, cercano, se gasta con el tiempo y se hace repetitivo, rutinario, aburrido, lejano..., y suavemente nos indica que su divinidad está por encima de todo eso, que él, por humano y cercano que parezca, es en realidad el Ser y el No Ser, que hay que dejar la impresión externa de los sentidos para pasar a la abstracción duradera de la mente. Ha llegado el momento de apelar al Dios Abstracto, el Dios Adulto, el Dios Supremo. El Dios Abstracto está por encima de las sensaciones, las emociones, las repeticiones, las devociones, y nos espera cuando van desapareciendo los primeros fervores y se van enfriando los entusiasmos juveniles. El fervor sensible nos es muy necesario en nuestra formación y es maravilloso en sus efectos, pero por su misma naturaleza no dura para siempre.

Es importante reconocer el momento y aceptar el cambio. No rechazar la invitación que el mismo Dios Concreto nos hace de pasar al culto del Dios Abstracto. Sin miedos y sin dudas. Nos ha encantado la familiaridad del Dios Adolescente, hemos disfrutado de su compañía y atesorado su amistad, y por eso mismo sentimos resistencia y nostalgia al separarnos ahora de conceptos, prácticas, fórmulas, imágenes, posturas y nombres, familiaridad e intimidad que nos llenaban el alma de alegría y nos aceleraban el ritmo del corazón en oración. Incluso nos sentimos culpables por no sentir el fervor religioso como al principio, por pensar que estamos perdiendo la devoción, quizá hasta perdiendo la fe. Nos castigamos a nosotros mismos y procuramos un poco a la desesperada recobrar los fervores perdidos y volver a la devoción antes sentida. Eso nos puede causar mucho dolor y mucho daño por la frustración y la culpa. No hay que volver a sentimientos pasados sino abrirse a novedades futuras.

El cristianismo está fundado en el amor. Es su primer y mayor mandamiento. «Amarás al Señor tu Dios sobre todas las cosas.» Amor de componente divino, pues se dirige a Dios, y de componente humano, pues viene del hombre. En su componente humano el amor nace, crece, se establece, tiene crisis, altos y bajos, se transforma de luna de miel en bodas de oro, pasa de entusiasmo ferviente a madurez tranquila, deja con una sonrisa los extremos juveniles para aceptar con realismo la serenidad adulta, se convierte de fervor ardiente pero pasajero en fidelidad callada pero duradera. Y vemos enseguida el paralelo entre el amor divino y el humano. Pasar de luna de miel a bodas de oro es pasar del Dios Adolescente al Dios Adulto. De la ascensión inicial a la meseta final. Del sentimiento a la fe. Con gratitud y alegría. Sin resquemor ni sospecha. Con conciencia de que no estamos perdiendo nada sino ganando todo. Ese es el camino.

Yo hice mi noviciado de jesuita en Loyola, y considero aquellos dos años en la Santa Casa de san Ignacio como de los más felices y fecundos de mi vida. Pero tuvieron una sombra que me acompañó durante muchos años después. Fue la lucha contra la 'tibieza'. Tibieza era palabra maldita entre nosotros. Era el coco del noviciado. El novicio podía ser fervoroso, y eso era bueno, o 'disipado', y eso era malo, pero precisamente por su gravedad y peligro provocaba eso mismo la reacción y la vuelta al fervor. Lo verdaderamente malo era ser tibio. Ese era el peligro que había que descubrir, desenmascarar, combatir, derrotar, anihilar. La tibieza. Ni frío ni caliente. Ni tan bueno como para alegrarse ni tan malo como para preocuparse. El tono gris, las medias tintas, el ir tirando, la mediocridad. No provocaba reacción por no ser una situación extrema, y llevaba al descuido, a la negligencia, al abandono de las prácticas religiosas, y últimamente a la pérdida de la vocación. Ese era el enemigo contra el que había que estar en vigilancia constante para prevenir sus ataques.

Se nos citaba una y otra vez, hasta que pronto lo supimos de memoria, el texto estremecedor del mensaje a la Iglesia de Laodicea, la última de las siete iglesias en el Apocalipsis en la Biblia, que también es la última en fervor religioso, y en consecuencia recibe la amonestación y la amenaza del mensajero, que nosotros nos aplicábamos humilde y contritamente a nosotros mismos:

'Escribe al Ángel de la Iglesia de Laodicea:

Así habla el Amén, el Testigo fiel y veraz, el Principio de las criaturas de Dios. Conozco tu conducta: no eres ni frío ni caliente. ¡Ojalá fueras frío o caliente! Ahora bien, puesto que eres tibio, y no frío ni caliente, voy a vomitarte de mi boca. Dices: «Soy rico; me he enriquecido; nada me falta.» Y no te das cuenta que tú eres un desgraciado, digno de compasión, pobre, ciego y desnudo. Te aconsejo que compres oro acrisolado al fuego para que te enriquezcas, vestidos blancos para que te cubras y no quede al descubierto la vergüenza de tu desnudez, y colirio para que te des en los ojos y recobres la vista.

Yo a los que amo, reprendo y corrijo. Sé pues, ferviente y arrepiéntete. Mira que estoy a la puerta y llamo; si alguno oye mi voz y me abre la puerta, entraré en su casa y cenaré con él y él conmigo. Al vencedor le concederé sentarse conmigo en mi trono, como yo también vencí y me senté con mi Padre en su trono.

El que tenga oídos, oiga lo que el Espíritu dice a las Iglesias.'

(Apocalipsis 3:14-22)

'¡Ojalá fueras frío o caliente!' Era la maldición. Estremece oír eso de '¡Ojalá fueras frío!' Durísimas palabras. Alguna breve distracción en la santa misa o soñolencia en la meditación, o faltar al silencio en clase o levantar la mirada en los pasillos contra la prescrita 'modestia de los ojos', y el pobre novicio empezaba a sentirse 'tibio' y a verse amenazado por todas las maldiciones del

Apocalipsis que no son pocas, aunque nada tenían que ver con novicios jesuitas. El fantasma de la tibieza nos acompañaba a todas partes. Ese miedo irracional a 'perder el fervor' es lo que hace difícil el acomodar el progreso en la vida espiritual con el paso de los años y de la vida, lo que yo estoy llamando aquí el pasar del Dios Adolescente al Dios Adulto. No es cuestión de tibieza, es el avanzar y cambiar en la vida, es la trayectoria de toda relación y de todo amor, es lo que he recordado que no podemos pasarnos la vida en el Monte Tabor. Ni en el noviciado de Loyola. Y no es solo que no podamos, sino que no debemos. La vida tiene sus etapas y hay que recorrerlas cada una según sus características. Añorar el pasado puede ser un obstáculo para abrazar el presente. Y más aún para descubrir el futuro.

La célebre Madre Santa Teresa de la India nos hizo inconscientemente un favor póstumo en las cartas que se publicaron después de su muerte y en las que cuenta con toda sinceridad y humildad la sequedad espiritual en que pasó la mayor parte de su vida y que dejó perplejos a muchos lectores de sus cartas y admiradores de su vida y su obra. Pero no era tibieza. Era sencillamente el pasar del fervor de los primeros años a la aridez de los muchos que se siguen, y que se vio aumentada al ser considerada como una prueba excepcional en vez de una incidencia normal. Parecidas situaciones habrán vivido de una u otra manera otros santos, y otros sencillos y buenos cristianos, pero no nos han llegado sus reacciones. Y, me permito pensar con todo el respeto y veneración del mundo, que si, en vez de hablarle de pruebas del espíritu o de tentaciones del demonio, algunos de los varios directores espirituales que tuvo la Madre Teresa le hubiesen presentado, con esos nombres o con otros, la doctrina práctica –y precisamente de su querida India– del Dios Concreto y el Dios Abstracto, habrían iluminado mejor su camino y suavizado su aridez. Sus acompañantes espirituales vivían en la India pero eran todos extranjeros. De uno de ellos al menos, el jesuita austriaco padre Joseph Neuner, puedo decir que sabía sánscrito y conocía bien las escrituras sagradas del hinduismo. Fue profesor mío en el seminario de Pune, y allí nos enseñaba él mismo los términos sánscritos de *Saguna Brahman* y *Nirguna Brahman* (Dios con Atributos y Dios sin Atributos); pero trataba el tema solamente como una asignatura de clase de hinduismo y no como un instrumento práctico de dirección espiritual. Que lo es en gran manera.

A todos nos ayudaría el entender y asimilar esta teoría y práctica de los dos aspectos de Dios en nuestra vida, para suavizar, integrar, enriquecer, disfrutar el suave y lento progreso del alma en la vida espiritual. El hinduismo prevé, prepara, valora positivamente y bendice calurosamente este cambio del Dios Adolescente al Dios Adulto como un adelanto necesario y bienvenido en la vida espiritual; en vez de temerlo, condenarlo y combatirlo como tibieza proscrita, enseña que los dos estados pueden sucederse el uno al otro y alternarse según las circunstancias que atravesamos y el talante espiritual que nos domina. Mi padre san Ignacio se acerca de alguna manera a este concepto cuando habla extensamente en sus Ejercicios de los dos estados de la vida espiritual que él llama 'consolación' y 'desolación', que más o menos coinciden con el Dios Adolescente y el Dios Adulto, y de la alternancia que suele haber entre los dos.

He tenido recientemente una experiencia divertida a este respecto. He publicado un libro sobre la Eucaristía en el que comienzo citando un email recibido de alguien que me dice humilde y enternecedoramente: 'Padre, perdóneme, pero me aburro en Misa.' Y, después de comentar a mi manera todas las partes y oraciones de la Misa con la ilusión de renovar su gusto espiritual en el lector, acabo el libro con una cita de san Juan

Crisóstomo en la que dice que deberíamos salir todos de la Eucaristía 'como leones rugientes', no para tragarnos a nadie sino rebosantes de fuerza y energía y poder ante el mundo que nos necesita y nos espera. El libro se llamó en consecuencia 'Como leones rugientes', y los editores le pusieron una artística portada en la que, sobre un fondo sugerido del recinto sagrado, se ve a un león con la boca abierta en rugido feroz. Al recibir el libro, con la ilusión con la que el escritor siempre recibe el primer ejemplar de su libro oliendo a tinta fresca de la imprenta y con páginas vírgenes abiertas por primera vez ante los ojos, rasgué el sobre, acaricié las páginas, miré la portada y descubrí al león. Casi oí el rugido potente de sus fauces abiertas. Pero pronto una sonrisa traviesa curvó mis labios. El león estaba, sí, con la boca bien abierta, pero no estaba rugiendo. Estaba… ¡bostezando! Tumbado sobre la hierba, junto a cadáver del ciervo que había devorado en banquete suntuoso, con los ojos aún cerrados, irguiendo levemente la cabeza, se estaba desperezando de su larga siesta con el sueño todavía en los ojos, la melena lacia y el cuerpo relajado. Un solemne bostezo. Por lo visto había sido más fácil y más seguro encontrar una fotografía de un león bostezando que de un león rugiendo. Y ahí quedaba como comentario… no al texto de san Juan Crisóstomo de la energía en la última página del libro, sino al mensaje del email del aburrimiento en la primera. Significativo.

El siglo pasado vio en China la vida y la muerte de verdaderos confesores de la fe, testigos y a veces mártires de sangre del cristianismo bajo la ofensiva del comunismo. Uno de esos testigos, que felizmente sobrevivió a la prueba, es el padre Francisco Tan Tiende, nacido de familia católica china en 1916, párroco en Cantón, encarcelado en un campo de trabajos forzados en la provincia de Heilong-jiang en el noroeste de China en 1953 de donde fue liberado después de treinta años en 1983. Al publicarse la narrativa autobiográfica de su vida en el libro 'El libro rojo de los mártires chinos' en 2006, vivía a sus 90 años 'gozando de buena salud y continuando su actividad pastoral en la parroquia de la catedral de Cantón donde es muy amado de los católicos de la ciudad'. Esta es la descripción que él mismo hace de su cárcel primero y de sus trabajos forzados después:

'Se me encarceló en una celda estrechísima y muy baja. En todo el día sólo podía estar sentado con las piernas cruzadas. No podía ni levantarme ni tumbarme. Tenía que pedir permiso al guardia si quería ir al baño e incluso para carraspear. Tan sólo después de haber recibido permiso podía levantarme. No me era permitido hablar con nadie, ni quedarme dormido durante el día, porque en tal caso habría sido sometido a un doloroso golpe de fusta en la lengua.

Para quien no tiene fe, un día en la cárcel es como un año entero. Pero yo tengo fe, y podía darme cuenta que nuestra casa está allí donde está nuestro corazón. Estaba en paz con Dios y conmigo mismo. Todos los sufrimientos que soportaba por amor a Jesús eran para mí motivo de alegría.'

(Gerolamo Fazzini, editor, El libro rojo de los mártires chinos, Ediciones Encuentro, Madrid 2006, p. 64) Sigue la cita:

'En los trabajos forzados durante el «Gran salto adelante» del «Gran Timonel» Mao Zedong, trabajábamos doce horas al día –y a menudo más aún– en nuestros turnos, por eso estaba completamente exhausto. Tenía los ojos rojos del cansancio y, volviendo del trabajo, me dolían las piernas. Nos dejábamos caer sobre la yacija a dormir con la ropa puesta, sin ni siquiera lavarnos. Nos cargaban de todo el trabajo posible. Solo había permiso para descansar cinco o seis horas al día.

A pesar de esto, rezaba siempre cinco decenas del Rosario cada día y las letanías de Nuestra Señora por las almas del purgatorio. Desde que entré en prisión, tumbado sobre el camastro, todos los días he recitado mentalmente toda la misa de memoria en latín.'

(p. 110)

Emociona la confesión del mártir de Cristo. La misa recitada palabra por palabra en su latín litúrgico cada día por el sacerdote en prisión. Yo soy muy sensible y se me humedecen los ojos al escribir esto. La misa entera rezada en su memoria cada día en la prisión en el lejano latín laboriosamente aprendido de joven en el seminario y repetido diariamente en su parroquia ante el altar, se hace ahora, sin fieles alrededor ni ornamentos ni altar ni pan ni vino el vínculo esencial de fe y esperanza que sostiene la vida del confesor de Cristo en medio del insufrible sufrimiento. Eucaristía de Calvario que no pierde ni por un momento su fuerza, su novedad, y su divina gracia sino que las aumenta día a día ante el desafío. Traigo aquí el ejemplo para recordarnos lo que la Eucaristía es y puede ser en nuestra vida, y lo es en nuestros mejores momentos de fervor o de prueba. Aunque no lleguemos a los extremos de sufrimiento y de fe de las cárceles chinas.

SE LLEVÓ A LOS MEJORES

El Dios Concreto crea problemas. Cuando el escritor irlandés C. S. Lewis, converso del ateísmo al cristianismo, enseñaba en la Universidad de Oxford, publicó un libro sobre el problema del sufrimiento, *The Problem of Pain* (1940) en el que estudia teológicamente el problema del sufrimiento con profundidad bíblica y ecuanimidad estoica en capítulos que titula 'Divina Omnipotencia', 'Divina Bondad', 'Maldad Humana', 'Sufrimiento Humano', 'Infierno', 'Cielo'. Habla del sufrimiento con serenidad, con imparcialidad, con competencia profesional y profundidad bíblica. Habla como teólogo cristiano, como escritor, como pensador ante el problema más acuciante de la humanidad al que dedica todo un libro desde su postura de intelectual de vanguardia.

Cito algunos párrafos:

'El Sufrimiento es el megáfono de Dios. Es un instrumento poderoso que puede llevar a la rebelión, pero que nos da la oportunidad de abrir los ojos y corregir nuestros caminos. Quita el velo; planta la bandera de la verdad en la misma fortaleza del alma rebelde.'

'He visto una gran belleza de espíritu en gente que ha sufrido mucho. He visto hombres y mujeres que, en su mayor parte, se hacen mejores, y no peores, ante las pruebas de la vida, y he visto enfermedades terminales producir tesoros de fortaleza y delicadeza en toda clase de gente.'

(C. S. Lewis, *The Problem of Pain*, Harper Collins, London 1940, p. 95, 108)

Eso era el profesor hablando doctrinalmente desde su cátedra de Oxford. Llevó muchos años vida solitaria, intelectual, elegante, desprendida en sus escritos y en sus relaciones. A la tardía edad de 58 se casó con la escritora americana Joy Gresham, más bien por altruismo que por amor, para que ella alcanzara la nacionalidad inglesa y pudiera permanecer en Inglaterra como ella deseaba, y ante su propio asombro, una vez casado, se enamoró locamente de su mujer. Esta murió de cáncer a los cuatro años de la boda. Entonces el escritor escribió otro libro. *A Grief Observed* (Una pena observada). Fue tan brutal que no se atrevió a firmarlo y lo publicó bajo el pseudónimo de N. W. Clerk. Algunos párrafos:

'Entonces, ¿dónde está Dios? Si eres feliz, tan feliz que no sientes que lo necesitas, y te vuelves a Él con gratitud y alabanza te recibe –o a ti te lo parece– con los brazos abiertos. Pero vete a Él cuando estás desesperado, cuando te han fallado todas las ayudas, y ¿qué es lo que encuentras? Una puerta cerrada en las narices, y el sonido del cerrojo y el doble cerrojo echado por dentro. Después, silencio. Ya puedes marcharte. Cuanto más esperes, más insoportable se hará el silencio. No hay luces en las ventanas. Parece una casa vacía. ¿Es que acaso ha estado habitada alguna vez? Así lo parecía antes, y esa impresión era tan fuerte como ésta ahora. ¿Qué quiere decir esto? ¿Por qué está Él tan presente para dominarnos en tiempo de prosperidad y tan ausente para ayudarnos en la dificultad?

No es que yo tenga peligro de dejar de creer en Dios. El verdadero peligro es llegar a creer cosas tan terribles de Él. La conclusión que yo temo no es, «Entonces no hay Dios después de todo», sino «Esto es lo que Dios es en realidad. No te engañes más».

Pedid y no recibiréis.

Eso lo escribí anoche. Era un aullido más que un pensamiento. Voy a intentarlo otra vez. ¿Es razonable creer en un Dios malo? ¿Al menos en un Dios tan malvado como eso? ¿El Sádico Cósmico, el Estúpido Imbécil?'

(C. S. Lewis, *A Grief Observed*, Faber and Faber, London 1961. pp. 7, 8, 9, 27)

Es fácil escribir un libro sobre el sufrimiento cuando uno no lo está sintiendo, y es imposible contenerse cuando uno lo siente en su propia carne. Pedid y no recibiréis. Nos decimos unos a otros en nuestras penas y nuestras oraciones no escuchadas: 'Nosotros no sabemos lo que realmente nos conviene', 'Dios sabe sacar bienes de males', 'En la otra vida lo veremos'..., pero eso son consuelos piadosos que nos tranquilizan en males menores pero nos suenan huecos en las grandes penas de la vida. Es consolador tener un Dios a quien recurrir, y es devastador cuando el Dios a quien recurrimos parece no hacer caso, más bien parece no existir. El Dios Concreto es una gran ayuda... y un gran problema.

Cuando el avión uruguayo con el equipo de rugby a bordo para un campeonato se estrelló en la cordillera de los Andes a finales del siglo pasado, todos los que nos enteramos entonces vivimos la tragedia con emoción intensa y continuada en su día y luego en los libros y película que reconstruyeron todo aquel intenso episodio. 29 de los que iban en el avión murieron y 16 se salvaron. La alegría de los supervivientes quedó empañada por el recuerdo de los que no sobrevivieron. Los que se salvaron y sus familias dieron gracias a Dios. Las familias de los que perecieron no pudieron hacerlo. Problema de protocolo: ¿Había que invitarlas a ellas también oficialmente a la solemne función de acción de gracias en la catedral de Montevideo?

'Uno allí siente a Dios, siente, sobre todo, la mano de Dios. Los compañeros que han muerto, todos, todos, creemos que Dios los llevó porque eran mejores. Todo lo que se pueda decir sobre ellos con palabras es achicar la dimensión de todo aquello que nosotros llevamos, cada uno, dentro de nuestro corazón.' (Pancho Delgado, sobreviviente)

'Los más escépticos ante el papel de Dios en su salvación eran Parrado y Pedro Algorta. Parrado tenía una razón, porque, como varios de ellos, no podía entender con lógica humana la selección entre vivos y muertos. Si Dios los había ayudado a ellos a vivir, había permitido que los otros murieran. Si Dios era bueno, ¿por qué permitió que su madre muriese y que Panchito y Susana sufrieran tanto antes de morir? Dios los quiere en el cielo, pero ¿cómo podrían ser felices allí su madre y su hermano mientras él y su padre continuaban sufriendo en la tierra?' (Carlos Páez)

(Madelón Rodríguez Gómez, El rosario de los Andes, Mar y Sol Ediciones, p. 66, 71)

Nos unimos en el sentimiento y en el respeto. Incluso repetimos educadamente la frase 'Dios se los llevó porque eran los mejores', pero sabemos que eso es solo una frase de cumplido, y que, bien pensada, no hace más que descubrir y subrayar nuestra impotencia y nuestra perplejidad y nuestra rebelión reprimida ante el misterio. Es fácil dar gracias a Dios cuando nos salva. No es fácil mencionar a Dios al hablar de quien no se salvó. Los que murieron no eran mejores ni peores que los que se salvaron.

Era yo miembro del tribunal de exámenes orales de fin de carrera de unos jóvenes sacerdotes jesuitas llenos del saber de muchos años de estudio y del entusiasmo de salir por fin al ministerio pastoral a dar de corazón todo lo que habían aprendido en su larga formación intelectual. El tribunal no era de tres sino de cinco profesores, y el examen de cada candidato duraba dos horas sin interrupción. Era un momento de responsabilidad y todos nos habíamos preparado para él, tanto los alumnos como los profesores. De hecho, después de los exámenes, los estudiantes reconocieron espontáneamente que los examinadores habíamos preparado las preguntas mejor que ellos las respuestas. Un buen cumplido a la profesionalidad de los profesores. Allí sucedió lo que voy a contar.

Yo gradué el nivel de dificultad de las preguntas según la capacidad escolar que conocía de cada candidato. Al más brillante le hice la pregunta más difícil. El problema del mal. ¿Cómo, en el universo de un Dios omnipotente y omni-amante se puede dar y se da de hecho con insólita violencia y frecuencia tanto mal físico y moral, tanto sufrimiento y calamidades y dolor para el hombre y la mujer que él ha creado? Preparé la pregunta recordándole al alumno cómo el misterio había ejercitado a las mejores mentes de la humanidad a través de los tiempos, y no esperaba yo que él nos solucionara el problema, sino solamente que lo explicara en su profundidad y nos diera algunas de las más célebres respuestas y reacciones de pensadores y filósofos de la historia de la humanidad, así como la manera práctica de acercarse al sufrimiento humano en casos concretos y presentes en el ministerio pastoral.

Por eso mismo me quedé atónito cuando el aventajado alumno me contestó ante el tribunal con una ligereza irresponsable que me hizo dudar por un momento de la supuesta excelencia de la larga y alabada formación de los jesuitas. Me respondió sin más: 'Es muy sencillo. Todo lo bueno que hay en el mundo viene de Dios; y todo lo malo, de los hombres.' Me quedé de una pieza. Allí nos habían resuelto de repente en un examen de teología de fin de carrera el enigma más profundo de la humanidad en toda su historia. Dios es bueno, y de él viene todo lo bueno, lo favorable, lo agradable. Y todo lo malo, lo penoso, lo desagradable viene de la mano del hombre. Y de la mujer quizá también. Bien sencillo y bien claro. Demasiado. Me costó un momento reaccionar, lo que a él le dio tiempo para añadir: 'Eso lo explica todo.' Yo entonces le miré fijamente a los ojos y repetí con voz lenta y seria: 'Lo explica todo. ¿También el terremoto de Andhra Pradesh?'

Andhra Pradesh es la provincia del sureste de la India en la que aquel año hacía poco tiempo había tenido lugar un fuerte terremoto en el mar con inundación súbita en la costa –que ahora hemos aprendido a llamar 'tsunami'– en el que habían perecido más de 200.000 personas, en su mayor parte pobres pescadores, y habían quedado sin hogar muchos más en gran miseria y sufrimiento. Él no dijo más. Yo suspendí al alumno. Es lo menos que podía hacer.

El Dios Concreto tiene respuestas para los problemas pequeños, no para los grandes. El Dios Concreto soluciona algunos problemas, pero crea tantos problemas como soluciona. Aumenta la alegría cuando las cosas nos salen bien, pero también aumenta las perplejidades, las quejas y la frustración cuando salen mal, cosa que sucede con frecuencia en esta vida. El Dios Concreto no tiene respuesta para los grandes dolores de la vida. Claro que el Dios Abstracto tampoco las tiene, pero al Dios Abstracto no se le hacen preguntas, y esa es la diferencia. Tenemos derecho a quejarnos, desde luego, pero también tenemos derecho a callarnos, y quizá esta actitud de silencio religioso y acatamiento existencial sea la más digna, la más noble, la más conducente a la paz del alma, y la más profundamente devota y adoradora de Dios ante los grandes sufrimientos de la vida. La vida es lo que es y las cosas son lo que son, y en recibirlas y aceptarlas como vienen –después, desde luego, de haber hecho todo lo posible por evitar el dolor nuestro y de los demás– está la verdadera fe y entereza y amor. La verdadera religión.

Más de una vez, cuando alguien me ha dicho 'Yo no creo en Dios', le he contestado: 'En el Dios en que tú no crees tampoco creo yo.' El Dios que rechazan los ateos es solo una caricatura del Dios Concreto en sus peores momentos. Cuando Albert Camus levantó el puño contra el cielo en una carretera de Argelia en que un camión desbocado acababa de atropellar y matar a un niño pequeño y exclamó, '¡Grito que no creo en Dios!', no estaba renegando de Dios sino de la imagen de Dios que él se había formado. La imagen, repito, que viene muy bien en las alegrías y muy mal en los dolores. La imagen del Dios Concreto que todos tenemos con una exclusividad y estrechez injusta y peligrosa. Debemos ampliar nuestro concepto de Dios. El Dios Abstracto no conduce camiones.

El misterio sigue y ha de seguir en todo caso, pero la alternancia entendida y asumida en nuestra vida práctica del Dios Concreto y el Dios Abstracto puede suavizar y templar la presencia inevitable del dolor en nuestras vidas. Digo alternancia porque el paso del Dios Concreto al Dios Abstracto en la conciencia personal no es de una vez para siempre, sino que estamos y seguimos siempre abiertos a volver de una consideración de Dios a otra según las circunstancias de fuera y de dentro del alma. Eso es lo que he significado cuando, al hablar antes del Swami Satyánandyi y su Dios Abstracto y Concreto, he mencionado el detalle significativo que en aquel momento el Swami me guiñó el ojo. Una vez nos encontramos a gusto con los dos aspectos de Dios, podemos acogernos a uno o a otro según el momento, la situación, el tenor de la vida, el humor del alma. De hecho saber cambiar suavemente del Dios Concreto al Dios Abstracto y viceversa es la gran fórmula de la paz del alma, de la firmeza de la fe, de la perseverancia en la oración, de la alegría en la religión.

Cuando el Dios Concreto nos oprime con su peso de mandamiento y rutina, nos deslizamos suavemente hacia el Dios Abstracto que nos libera de toda regla y de toda expectativa. Y cuando el Dios Abstracto se vuelve aburrido a su vez con su nebulosidad y su opacidad, nos volvemos espontáneamente al Dios Concreto con toda naturalidad y disfrutamos una vez más de oraciones y ritos en su alegre compañía. De ahí el guiño del ojo. La travesura del monje. La verdadera dimensión –sin dimensión– de la experiencia espiritual. Esta capacidad de recurrir a uno u otro de los dos aspectos de la divinidad nos facilita el fervor de los sacramentos cuando a ellos nos acercamos, y la perseverancia en la fe cuando de toda consolación sensible nos alejamos. Esa es la verdadera vida del espíritu. Pasar de la familiaridad a la adoración, de la cercanía a la distancia, de la intimidad a la trascendencia, del Dios Concreto al Dios Abstracto. Y luego al revés. Y vuelta a empezar.

Yo he de ser agradecido, pues es al Dios Concreto a quien le debo mi trabajo profesional. De él tratan todos los libros que he escrito, y a él se refiere la página Web que mantengo con la intención de acompañar a quienes buscan a Dios. Y todos buscan al Dios Concreto. Los entiendo porque es el ambiente en que yo me he criado, y conozco sus caminos, sus imágenes, sus conceptos, y sus mandamientos. Y luego extiendo el horizonte hacia el Dios Abstracto que ahora venero para ir colocando las consultas concretas en el marco más amplio de distancia y penumbra que ayuda a calmar protestas y suavizar dolores. Para entender las preguntas que me hacen he de referirme al Dios Concreto, y para darles respuesta he de ir presentando de alguna manera poco a poco al Dios Abstracto. Espero que eso complete la imagen de Dios que tenemos en la tierra.

Si todo el mundo se relacionara ya directamente con el Dios Abstracto, yo me quedaría sin trabajo. Tendría que cerrar mi Web. Sin el Dios Concreto no habría quien me escribiera sus dudas, sus quejas, sus tribulaciones, sus penas. Por el otro lado, sin el Dios Abstracto tampoco sabría yo qué responder. Aunque ya tengo dicho que el Dios Abstracto no da respuestas, pero su existencia, su majestad, su dignidad, y su silencio son la mejor respuesta ante el misterio permanente de la vida, y esto trato de hacerles llegar de alguna manera a quienes me confían sus penas y sus perplejidades ante la existencia humana sobre la tierra. Desde luego que no le meto a nadie el rollo del *Saguna Brahman* y el *Nirguna Brahman,* pero sí uso el concepto y las conclusiones que a mí me son familiares para ir guiando a cada uno a su manera hacia un concepto de Dios más abierto y de una vida más inmediata donde las cosas son lo que son y vienen cuando vienen, y a nosotros nos toca recibirlas como vienen y dejarlas marchar cuando se van, viviendo plenamente el presente sin perdernos en causas, explicaciones, lamentos de pasado o preocupaciones de futuro.

Podéis olvidaros de nombres y definiciones, de teorías y denominaciones, de proposiciones y conclusiones, pero conviene retener la idea fundamental de los dos aspectos de Dios. Llámense Dios Concreto y Dios Abstracto, Dios Adolescente y Dios Adulto, Dios con Atributos y Dios sin Atributos, *Saguna Brahman* y *Nirguna Brahman,* devoción popular y noche mística, o teología catafática y teología apofática, lo que importa es liberar la experiencia religiosa de un entorno excesivamente estrecho y antropomórfico, y darle la amplitud, la profundidad, y la seriedad de un concepto de Dios más respetuoso y lejano, y luego saber combinar y alternar los dos conceptos, la tradición y la innovación, la rutina y la sorpresa, la devoción sensible y la adoración silenciosa. La perseverancia en la oración, la alegría en la práctica religiosa, el florecimiento de la fe dependen de este doble enfoque conocido, apreciado, y practicado oportunamente en la vida y a la manera de cada uno. Por desgracia, este enfoque redentor del concepto de Dios es poco conocido y menos predicado.

Me ha llevado todo este libro el llegar a poder decir esto con claridad y sinceridad, ya que veo en este enfoque la manera práctica de ayudar a muchos cristianos fervorosos que empiezan a sentir menos sus fervores y se asustan y se acongojan y se culpabilizan y se lamentan de ello, cuando en realidad están entrando en otra etapa de su desarrollo espiritual que requiere otra mentalidad. En esto está la verdadera renovación del fervor, de la devoción, de la vida religiosa, de la profundidad del espíritu. No espero que el culto al Dios Abstracto se popularice en la cristiandad, pero sí que se conozca y extienda para ayudar a quienes humilde y decididamente desean mantener y fortificar su relación con Dios a lo largo de toda una vida religiosamente consciente.

¡Bienvenidos a la Cofradía del Dios Adulto!

CONOCERÉ COMO SOY CONOCIDO

En clase de geometría hablábamos de máximos, mínimos y puntos de inflexión. Para alcanzar un punto máximo en la gráfica geométrica, la línea que ha partido del origen de coordenadas sube primero hacia la derecha, se va doblando hacia adelante, se nivela en un punto, y luego baja dejando una cumbre en el papel cuadriculado. Para un mínimo, la línea que había subido, baja ahora, se da vuelta, y vuelve a subir dejando un valle en medio. Un máximo necesariamente lleva a un mínimo, y un mínimo a un máximo si es que la curva ha de seguir viva, y eso deja a la cuadrícula cicatrizada de altos y bajos en continua sacudida sismográfica. En cambio en un punto de inflexión la gráfica sube desde cero, se nivela por un breve rato como dudando qué va a hacer, y luego vuelve a subir. Esa es la elegancia del punto de inflexión. Vuelve a subir. Sin sobresaltos de máximos y mínimos. Y al irse repitiendo puntos de inflexión en la vida, siguen las subidas tras las paradas, se mantiene la dirección siempre hacia arriba, y se va matizando y variando con ángulos diversos la carrera ascendente de la experiencia humana. Los máximos y mínimos son traumáticos. Los puntos de inflexión son crecimiento mantenido y variado. Alegran la vida.

Cada persona tiene y sabe los puntos de inflexión de su vida. Yo tuve los aquí reseñados, y algunos otros tras ellos, que no por menos espectaculares han sido menos personales o enriquecedores, pero esos han quedado historiados en escritos anteriores y no quiero repetirlos. Enumero solamente. Mis actividades literarias en guyarati, inglés, y castellano paralelas a mi actividad universitaria en las matemáticas puras, la vuelta de la India a España para cuidarme de mi anciana madre, y mi inesperada pero feliz permanencia subsiguiente aquí, los viajes a Latinoamérica que metieron todo otro continente en mi vida, el advenimiento del ordenador e Internet con la era de los contactos electrónicos y mi 'parroquia virtual' en la Web, el cumplir 90 años con la sensación y satisfacción de toda una existencia vivida con intensidad y alegría. Todos estos han sido posteriores a la inflexión maestra del Dios Concreto al Dios Abstracto y se han integrado en ella continuando su trayectoria y reforzando su sentido.

Queda un punto de inflexión más allá de esta narrativa. La inflexión de una vida a otra, el punto donde convergen tiempo y eternidad, el cambio de la curva geométrica plana al espacio de mil dimensiones, el fin de la gráfica cuadriculada de la vida terrena y el comienzo del espacio sin espacio de más allá del cosmos. Punto de inflexión si los hay. Lo defino como el punto en que el Dios Concreto y el Dios Abstracto se hacen uno ante la mirada atónita del ser humano que a él llega después de su trayectoria en la tierra en que él lo puso. Por aquí y por ahora tenemos que contentarnos con el conocimiento imperfecto de la suprema realidad de Dios que nos lleva a dividir conceptos y separar experiencias alternando su ejercicio como mejor podemos y sabemos. Pero la realidad supera a toda imaginación que tengamos de ella, y la unión de conceptos opuestos da lugar a la plenitud de la totalidad. *Coincidentia oppositorum* (la coincidencia de los opuestos) era la consumación del misterio de la existencia para los escolásticos clásicos (Nicolás de Cusa). Dios es uno, y en su revelación está la gloria. Cuando conozcamos a Dios cara a cara habrá llegado la culminación de nuestra existencia. Lo dice san Pablo:

'Ahora vemos en un espejo, confusamente.
Entonces veremos cara a cara.
Ahora conozco de un modo imperfecto.
Entonces conoceré como soy conocido.'
(1 Corintios 13:12)

Genial. 'Conoceré como soy conocido.' Conoceré a Dios entonces como hoy me conoce él a mí. Ya está bien. Sin espejo. La historia nos recuerda que los espejos de entonces no eran de cristal y mercurio sino de metal pulido y bruñido, y no reflejaban muy bien la imagen. De ahí que san Pablo los desestime. 'Conoceré como soy conocido.' Sin espejo. A todo color. Cara a cara. Se acabó la imagen confusa y parcial. Se acabaron los opuestos. Se acabó el Dios Concreto y el Dios Abstracto. Los dos conceptos se identifican en una realidad eterna. Clara y precisa. Yo soy uno y único ante Dios, y Dios es uno y único ante mí. No se puede pedir más.

En espera del gran punto de inflexión, sigo implementando siempre los que se van presentando en la vida, grandes y pequeños, altos y bajos, esperados o sorpresivos, y siempre divertidos. Toda inflexión es cambio. Y el cambio es vida. Sigo cambiando para seguir viviendo.

Cambio, luego existo.
Felizmente.

ÍNDICE

ESTA
PRIMERA EDICIÓN
DE *Cambio, luego existo,*
DE CARLOS G. VALLÉS, HA SIDO
IMPRESA CON PAPEL AHUESADO, DE
80 GRAMOS. SE HA UTILIZADO LA TIPO-
GRAFÍA GARAMOND PRO. Y SE TERMINÓ DE
IMPRIMIR EN LA IMPRENTA REPROGRÁFICAS
MALPE, EN GETAFE (MADRID), EN EL MES DE
DICIEMBRE DEL AÑO 2023.